TESTING PROGRAM

DESCUBRE

Lengua y cultura del mundo hispánico

NIVEL 1

Blanco • Donley

VISTA
HIGHER LEARNING

Boston, Massachusetts

Printed in the United States of America.

ISBN: 978-1-60007-264-2

5 6 7 8 9 BB 15 14 13 12

Table of Contents

Introduction   v

ORAL TESTING SUGGESTIONS   viii

TESTS

Lección 1

Prueba A	1
Prueba B	5
Prueba C	9
Prueba D	11

Lección 2

Prueba A	13
Prueba B	17
Prueba C	21
Prueba D	23

Lección 3

Prueba A	25
Prueba B	29
Prueba C	33
Prueba D	35

Lección 4

Prueba A	37
Prueba B	41
Prueba C	45
Prueba D	47

Lección 5

Prueba A	49
Prueba B	53
Prueba C	57
Prueba D	59

Lección 6

Prueba A	61
Prueba B	65
Prueba C	69
Prueba D	71

Lección 7

Prueba A	73
Prueba B	77
Prueba C	81
Prueba D	83

Lección 8

Prueba A	85
Prueba B	89
Prueba C	93
Prueba D	95

Lección 9

Prueba A	97
Prueba B	101
Prueba C	105
Prueba D	107

EXAMS

Lecciones 1–9

Examen A	109
Examen B	115

LISTENING SCRIPTS

Tests	121
Exams	126

OPTIONAL TEST SECTIONS

Fotonovela Video Test Items	127
Panorama Textbook Section Test Items	133
Panorama cultural Video Test Items	139
Alternate Listening Sections for **Pruebas A** and **B**	145

ANSWERS

Answers to Tests	149
Answers to Exams	157
Answers to Optional Test Sections	158

Introduction

DESCUBRE Testing Program

The **DESCUBRE** Testing Program offers four tests (**Pruebas A–D**) for each of the textbook's 9 lessons and two final exams (**Exámenes A** and **B** for **Lecciones 1–9**). Oral testing suggestions, optional testing sections, scripts for the listening activities, and an answer key are also provided.

The Oral Testing Suggestions

Suggestions for oral tests are offered for groups of three lessons to meet your needs whether your course is organized by semesters or by quarters. The suggestions consist of two parts: questions and situations. As often done with proficiency-oriented assessments, the situations are in English in order not to reveal to students the Spanish vocabulary fields and structures they are intended to elicit. The questions, on the other hand, are provided in Spanish to allow you to use them readily without time-consuming advance preparation.

The Quizzes

Quizzes for each vocabulary presentation and grammar point allow you to quickly assess students' grasp of the structures and concepts they are studying. The quizzes are available as customizable word processing files on the DESCUBRE Supersite (**descubre1.vhlcentral.com**).

The Lesson Tests

The lesson tests (**pruebas**) consist of two different sets of testing materials per lesson, with two versions per set. **Pruebas A** and **B** offer a longer, more comprehensive evaluation, as well as more discrete-answer activities. Although more traditional and achievement-oriented in their make-up, **Pruebas A** and **B** are highly contextualized tests that incorporate communicative activities wherever appropriate. These versions are also interchangeable, for purposes of administering make-ups tests. In contrast, **Pruebas C** and **D** focus more on testing language proficiency. They offer a briefer, more communicative approach to testing, and are also interchangeable versions.

Each **prueba** begins with a listening section that focuses on the grammar, vocabulary, and theme of the lesson at hand. In order for students to complete this section, you may either read from the script in this Testing Program, or play the recording on the Testing Program Audio. For **Pruebas A** and **B**, this recording consists of narrations presented in a variety of formats, such as commercials, radio broadcasts, answering messages, television broadcasts, and descriptive monologues. The accompanying exercise focuses on global comprehension and, where appropriate, students' ability to understand key details. For **Pruebas C** and **D**, students must listen to and answer personalized questions, which are designed to incorporate the lesson's theme and vocabulary, while prompting the new grammar structures in students' answers.

After the listening section, you will find test activities that check students' knowledge of the corresponding lesson's active vocabulary and grammatical structures. For **Pruebas A** and **B**, activities combine communicative tasks with discrete-answer items. Formats include, but are not limited to, art-based activities, personalized questions, sentence completions and cloze paragraphs. For **Pruebas C** and **D**, primarily communicative formats are used.

All tests incorporate a reading. Readings are presented as various forms of realia, such as advertisements, articles, or personal correspondence, and are accompanied by a set of questions that is designed to test students' overall comprehension of the text.

Each test then ends with a writing activity that emphasizes personalized communication and self-expression. Students are asked to generate a brief writing sample designed to elicit the vocabulary and grammar of the corresponding textbook lesson within a natural, realistic context.

Pruebas A and **B** are three to four pages each and are based on a 100-point scale. They are designed to take about 25–30 minutes. **Pruebas C** and **D** are two pages each and are based on a 50-point scale. They should take about 15–20 minutes for students to complete. Point values for each test section are provided in parentheses at the end of each activity's direction lines.

The Final Exams

The two final exams follow the same general organization as **Pruebas A** and **B**. Each **examen** begins with a listening comprehension section, continues with achievement and proficiency-oriented vocabulary and grammar checks, and ends with a reading and a personalized writing task. The exams are cumulative and comprehensive, encompassing the main vocabulary fields, key grammar points, and the principal language functions covered in the corresponding textbook lessons. The scripts for the listening passages are located in the same separate section of this Testing Program as the scripts for the **pruebas**.

Like **Pruebas A** and **B**, each **examen** is based on a 100-point scale; point values for each activity are provided in parentheses at the end of each activity's direction lines. The exams are six pages each and are designed to take 40–50 minutes.

The Optional Test Sections

For those instructors who wish to evaluate students in areas that fall outside the scope of the **pruebas** and **exámenes**, four optional sections are provided for each set of tests and exams. Three brief activities separately review the **Fotonovela** video, the **Panorama** textbook section, and the **Panorama cultural** video. In addition, should instructors wish to have their students answer personalized questions, rather than listen to a narration and complete a comprehension exercise, an alternate listening section is provided for **Pruebas A** and **B** and **Exámenes A** and **B**. Each activity should take 5–7 minutes.

The Testing Program Audio, Test Files, and Test Generator

The Testing Program includes the tests, exams, audioscripts, optional test sections, and the answer key in RTF and PDF files, as well as the audio recordings for the tests and exams. The Test Generator, available on the Teacher's Resource CD-ROM, is particularly useful for editing the test materials and adapting them to the needs of your own classroom.

Some Suggestions for Use

While the materials in the tests and exams reflect the content of the corresponding lessons in the **DESCUBRE** Student Text, you may have emphasized certain vocabulary topics, grammatical points, or textbook sections more or less than others. Because of this possibility, it is strongly recommended that you look over each test or exam before you administer it to ensure that it reflects the vocabulary, grammar, and language skills you have stressed in your class. Additionally, you should feel free to modify any test or exam by adding an optional test section or adapting an existing activity so that the testing material meets the guidelines of "testing what you teach." The Test Files on the Teacher's Resource CD-ROM are a useful tool for this purpose.

You can alleviate many students' test anxieties by telling them in advance how many points are assigned to each section and what sorts of activities they will see. You may even provide them with a few sample test items. If, for example, you are going to be administering **Prueba A** for **Lección 1**, you may want to show them a few items from **Prueba B**.

When administering the listening section of the tests or exams, it is a good idea to begin by going over the direction lines with students so that they are comfortable with the instructions and the content of what they are going to hear. You might also want to give them a moment to look over any listening-based items they will have to complete and let them know if they will hear the narration or questions once or twice. If you read from the scripts yourself instead of playing the Testing Program Audio, it is recommended that you read each selection twice at a normal speed, without emphasizing or pausing to isolate specific words or expressions.

Like many instructors nationwide, you may also want to evaluate your students' oral communication skills. For ideas and information, see the Oral Testing Suggestions section in this Testing Program.

*The **DESCUBRE** Authors and the Vista Higher Learning Editorial Staff*

Oral Testing Suggestions

As you begin each oral test, remind students that you are testing their ability to understand and produce acceptable Spanish, so they must give you as complete an answer as possible. It is strongly recommended that you establish a tone in which the test takes on, as much as possible, the ambience of natural communication, rather than that of an interrogation or artificial exchange in which the instructor asks all the questions and students answer them. It is important to start by putting students at ease with small talk in Spanish, using familiar questions such as **¿Cómo estás?** and commenting on the weather or time of day. During the test, it is also a good idea to give students verbal or gestural feedback about the messages they convey, including reactions, comments, signs of agreement or disagreement, and/or transitions in the form of conversational fillers. Finally, as you end the test, it is recommended that you bring students to closure and put them at ease by asking them simple, personalized questions.

If the oral test revolves around a situation, you can have two students interact or you can play the role of one of the characters. To build students' confidence and comfort levels, you might want to begin the interaction so students have some language to react to.

Many evaluation tools or rubrics exist for the grading of oral tests. Following is a simplified rubric, which you should feel free to adjust to reflect the type of task that students are asked to perform, the elements that you have stressed in your classes, and your own beliefs about language learning.

Oral Testing Rubric

Category	1	2	3	4	5	Score	Grade
Fluency	1	2	3	4	5	24–25	Excellent (A)
Pronunciation	1	2	3	4	5	21–23	Very Good (B)
Vocabulary	1	2	3	4	5	18–20	Average (C)
Structure	1	2	3	4	5	15–17	Below Average (D)
Comprehensibility	1	2	3	4	5	Below 15	Unacceptable (F)

Oral Testing Suggestions for *Lecciones 1–3*

Preguntas

- ¿Cómo te llamas?
- ¿Cómo estás?
- ¿De dónde eres?
- ¿Cuántos años tienes?
- ¿Dónde vive tu familia?
- ¿Dónde vives tú?
- ¿Cuál es tu (número de) teléfono?
- ¿Tienes una familia grande?

- ¿Tienes hermanos? ¿Cuántos?
- ¿Tienes novio/a (esposo/a)? ¿Cómo es?
- ¿Cómo son tus padres? ¿Cómo se llaman?
- ¿Qué tienes que hacer hoy?
- ¿Qué tienes ganas de hacer esta noche?
- ¿Qué clases tomas?
- ¿Qué hay en tu mochila?
- ¿Trabajas? ¿Dónde?

Situación

You run into a Spanish-speaking friend at your school or college. Greet each other, talk about the classes you are taking (what they are, the days of the week and/or time of day they take place) and what the professors are like. Then say goodbye.

Oral Testing Suggestions for *Lecciones 4–6*

Preguntas

- ¿Cómo pasaste tus ratos libres el fin de semana pasado?
- ¿Qué hiciste anoche?
- ¿Qué vas a hacer el fin de semana que viene?
- ¿Qué quieres hacer esta noche?
- ¿Adónde vas esta tarde después de la clase?
- Cuando estás de vacaciones, ¿qué haces?
- ¿Qué lugares bonitos conoces para ir de vacaciones?
- ¿Piensas ir de vacaciones este verano? ¿Adónde? ¿Por qué?
- ¿Sales mucho? ¿Cuándo sales? ¿Con quién(es)?
- ¿Sabes hablar otras lenguas? ¿Cuáles?
- ¿Dónde te gusta ir cuando hace buen tiempo? ¿Por qué?
- ¿Qué te gusta hacer cuando llueve/nieva?
- ¿Qué están haciendo tus compañeros de clase ahora mismo?
- ¿Qué están haciendo tus amigos/as en este momento?
- ¿Cuáles son tus colores favoritos?
- ¿Qué ropa llevas en el invierno? ¿En el verano?

Situación

You are in a store looking for some new clothes to wear to a party. Interact with the sales clerk. Find out how much at least three articles of clothing cost and buy at least one item.

Oral Testing Suggestions for *Lecciones 7–9*

Preguntas

- ¿Cómo es tu rutina diaria? Por ejemplo, ¿a qué hora te levantas?
- ¿A qué hora te acostaste anoche? ¿Dormiste bien?
- ¿Cómo te sientes cuando tomas un examen? ¿Y cuando hablas en español?
- ¿Te interesan más las ciencias o las humanidades? ¿Por qué?
- ¿Quién fue tu profesor(a) favorito/a el semestre/trimestre pasado? ¿Por qué?
- ¿Qué te molesta más de esta universidad? ¿Qué cosas te encantan?
- ¿Cuáles son tus comidas y bebidas favoritas? ¿Por qué?
- ¿Cuáles son los mejores restaurantes que conoces? ¿Y los peores? ¿Por qué? ¿Vas mucho a comer a estos restaurantes?
- ¿Fuiste a una fiesta el fin de semana pasado? ¿Adónde? ¿Con quién(es)?
- ¿Tuviste que trabajar el sábado pasado? ¿Dónde? ¿Qué hiciste?
- ¿Les das regalos a tus amigos/as (hijos/as) (padres)? ¿Cuándo y por qué?
- ¿Cuándo es tu cumpleaños? ¿Qué te regalaron tus amigos y tu familia el año pasado?

Situación

You are in a café or a restaurant. Interact with the server to order something to eat and drink.

prueba A   Lección 1

1 **Escuchar** Read these statements. Then listen to the message that Jaime left on his colleague Marisa's answering machine and indicate whether each statement is **cierto** or **falso**. (5 × 2 pts. each = 10 pts.)

	Cierto	Falso
1. Jaime está regular.	○	○
2. Hay cuatro maletas en el autobús.	○	○
3. La grabadora es de los profesores.	○	○
4. Son las nueve de la noche.	○	○
5. El número de teléfono es el 24-30-12.	○	○

2 **¡Hola!** Look at the illustration and write a conversation based on what one of the groups would say. (6 pts. for vocabulary + 6 pts. for grammar + 3 pts. for style and creativity = 15 pts.)

_____

_____

_____

_____

_____

_____

_____

_____

_____

_____

_____

3 **Reyes y Soledad** Two classmates, Reyes and Soledad, are talking about the people and objects in a photograph they are looking at. Soledad is very absent-minded and Reyes corrects her. Complete these sentences with the singular or the plural form of the corresponding noun. (5 × 2 pts. each = 10 pts.)

1. —Hay un lápiz.   —No. Hay dos _____.

2. —Hay dos mujeres.   —No. Hay una _____.

3. —Hay un pasajero.   —No. Hay cuatro _____.

4. —Hay una chica.   —No. Hay dos _____.

5. —Hay un estudiante.   —No. Hay tres _____.

4 **La hora** Later on, Reyes and Soledad run into each other on campus. Soledad doesn't have a watch, and Reyes helps her again. Write these times in complete Spanish sentences. Write out the words for the numerals. (5 × 2 pts. each = 10 pts.)

1. —Hola, Reyes. ¿Qué hora es?

   —Hola. (*It's 9:30 a.m.*) _____

2. —Gracias. ¿A qué hora es la clase de español?

   —La clase (*is at 10:15 a.m.*) _____

3. —¿Y la clase de matemáticas?

   —La clase (*is at 2:25 p.m.*) _____

4. —¿Y el partido (*game*) de tenis?

   —El partido (*is at 4:45 p.m.*) _____

5. —Gracias. ¿Y a qué hora es la fiesta (*party*)?

   —(*It's at 8:00 p.m.*) _____

5 **¿Qué tal?** Two students meet each other in the science building on the first day of class. Fill in each blank with an appropriate Spanish word. When a verb is needed, provide the correct form.
(10 × 1 pt. each = 10 pts.)

DIANA Hola, (1) _____ tardes. ¿Cómo (2) _____ llamas?

TONI Hola, me (3) _____ Toni, ¿y tú?

DIANA Diana. ¿De (4) _____ eres?

TONI (5) _____ de México. ¿Y tú?

DIANA De los Estados Unidos. Oye, ¿(6) _____ hora es?

TONI Es (7) _____ una de la tarde.

DIANA Gracias.

TONI De (8) _____. (9) _____ vemos en clase.

DIANA Sí. Hasta (10) _____.

Lección 1 Prueba A

Pruebas

6 **Preguntas** Answer these questions in complete sentences. (5 × 3 pts. each = 15 pts.)

1. ¿Cómo estás? _____

2. ¿Cómo te llamas? _____

   _____

3. ¿Qué hora es? _____

4. ¿Cuántos estudiantes hay en la clase de español? _____

   _____

5. ¿Qué hay en tu mochila (*backpack*)? _____

   _____

7 **Lectura** Read these newspaper notices and answer the questions in complete sentences. When answering with numbers, write out the words for the numerals. (4 × 2 pts. each = 8 pts.)

Cuaderno

Hola, soy Mariana. Encontré¹ en la cafetería un cuaderno con números de teléfono.
Teléfono: 22-07-17

¹*I found*

Tenis

Me llamo Julio y soy de España.
Busco² chico o chica para practicar tenis.
Teléfono: 25-14-23

²*I'm looking for*

1. ¿Cuál (*What*) es el nombre de la chica? _____

2. ¿Qué hay en el cuaderno? _____

3. ¿De qué país es el chico? _____

4. Escribe (*Write down*) el número de teléfono del chico. _____

   _____

8 **Saludos** Write a conversation in which two students do the following: introduce themselves, ask each other how they are doing, ask each other where they are from, mention what time it is, and say goodbye. Use vocabulary and grammar you learned in this lesson. (8 pts. for vocabulary + 8 pts. for grammar + 6 pts. for style = 22 pts.)

_____

_____

_____

_____

_____

_____

_____

_____

prueba B

Lección 1

1 **Escuchar** Read these statements. Then listen to the message that Don Francisco left on his colleague Carmen's answering machine and indicate whether each statement is **cierto** or **falso**.
(5 × 2 pts. each = 10 pts.)

	Cierto	Falso
1. Don Francisco está regular.	○	○
2. Hay tres maletas y una grabadora en el autobús.	○	○
3. Las maletas son de los estudiantes.	○	○
4. Son las diez de la mañana.	○	○
5. El número de teléfono es el 25-13-07.	○	○

2 **¡Hola!** Look at the illustration and write a conversation based on what one of the groups would say.
(6 pts. for vocabulary + 6 pts. for grammar + 3 pts. for style and creativity = 15 pts.)

_____

_____

_____

_____

_____

_____

_____

_____

_____

_____

_____

3   **María y Jorge** Two classmates, María and Jorge, are talking about what there is in their classroom. María is very forgetful and Jorge corrects her. Complete these sentences with the singular or the plural form of the corresponding noun. (5 × 2 pts. each = 10 pts.)

1. —Hay quince grabadoras.   —No. Hay una _____.

2. —Hay tres profesores.   —No. Hay un _____.

3. —Hay un diccionario.   —No. Hay cuatro _____.

4. —Hay tres computadoras.   —No. Hay una _____.

5. —Hay un cuaderno.   —No. Hay veintitrés _____.

4   **La hora** Later on, María and Jorge run into each other on campus. María doesn't have a watch, and Jorge helps her again. Write these times in complete Spanish sentences. Write out the words for the numerals. (5 × 2 pts. each = 10 pts.)

1. —Hola, Jorge. ¿Qué hora es?

   —Hola. (*It's 9:20 p.m.*) _____

2. —Gracias. ¿A qué hora es la clase de español?

   —La clase (*is at 11:00 a.m.*) _____

3. —¿Y la clase de matemáticas?

   —La clase (*is at 2:45 p.m.*) _____

4. —¿Y la clase de geografía?

   —La clase (*is at 4:30 p.m.*) _____

5. —Gracias. ¿Y a qué hora es la fiesta (*party*)?

   —(*It's at 10:00 p.m.*) _____

5   **¿Qué tal?** Two students meet each other in the science building on the first day of class. Fill in each blank with an appropriate Spanish word. When a verb is needed, provide the correct form. (10 × 1 pt. each = 10 pts.)

SARA Hola, buenos (1) _____. ¿Cómo te (2) _____?

DIEGO Hola, (3) _____ llamo Diego, ¿y (4) _____?

SARA Sara. (5) _____ gusto.

DIEGO El (6) _____ es mío. ¿(7) _____ estudiante?

SARA Sí, (8) _____ estudiante.

DIEGO Yo también (*too*). ¿(9) _____ qué hora es la clase de biología?

SARA La clase es a las cuatro.

DIEGO Gracias. Nos (10) _____ en clase.

SARA Adiós.

6 **Preguntas** Answer these questions in complete sentences. (5 × 3 pts. each = 15 pts.)

1. ¿Cómo te llamas? _____

2. ¿De dónde eres? _____

3. ¿A qué hora es la clase de español? _____

4. ¿Cuántos profesores hay en la clase de español? _____

5. ¿Hay cuadernos en la clase? _____

7 **Lectura** Read these newspaper notices and answer the questions in complete sentences. When answering with numbers, write out the words for the numerals. (4 × 2 pts. each = 8 pts.)

Maleta

Hola, soy Javier y soy del Ecuador.
Soy estudiante.
Encontré¹ una maleta con un diccionario,
un mapa, una grabadora y dos cuadernos.

¹I found

Chica estudiante

Busca² chico de México para practicar
español. Me llamo Sarah y soy estudiante.
Teléfono: 18-29-06.

²Is looking for

1. ¿Cuál (*What*) es el nombre del chico? _____

2. ¿De qué país es el chico? _____

3. ¿Qué hay en la maleta? _____

4. Escribe (*Write down*) el número de teléfono de Sarah. _____

_____

8 **Saludos** Write a conversation in which a professor and a student introduce themselves, ask each other how they are doing, ask each other where they are from, mention what time it is, and say goodbye. Use vocabulary and grammar you learned in this lesson. (8 pts. for vocabulary + 8 pts. for grammar + 6 pts. for style = 22 pts.)

_____

_____

_____

_____

_____

_____

_____

_____

_____

_____

Pruebas

prueba C

1   Escuchar You will hear five personal questions. Answer each one in Spanish using complete sentences. (5 × 2 pts. each = 10 pts.)

1. _____

2. _____

3. _____

4. _____

5. _____

2   El día de Lourdes Look at Lourdes' course load and use it to answer the questions about her schedule in complete sentences. Write out the words for the numerals. (5 × 2 pts. each = 10 pts.)

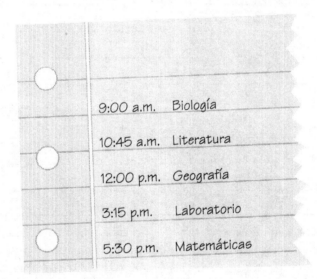

9:00 a.m.   Biología

10:45 a.m.   Literatura

12:00 p.m.   Geografía

3:15 p.m.   Laboratorio

5:30 p.m.   Matemáticas

1. ¿A qué hora es la clase de biología? _____

   _____

2. ¿A qué hora es la clase de literatura? _____

   _____

3. ¿A qué hora es la clase de geografía? _____

   _____

4. ¿A qué hora es el laboratorio? _____

   _____

5. ¿A qué hora es la clase de matemáticas? _____

   _____

3 **Lectura** Read the message that an Ecuatur travel agency driver left for his colleague and answer the questions in complete sentences. When answering with numbers, write out the words for the numerals. (5 × 3 pts. each = 15 pts.)

> Hola, Cristina. Soy Armando, un conductor de autobús de la agencia Ecuatur. ¿Cómo estás? Yo, bien. Oye, hay un problema. Hay cinco maletas y una grabadora en el autobús. Las maletas son de los estudiantes de los Estados Unidos. Pero, ¿de quién es la grabadora? Por favor, necesito¹ la información hoy². Es la una de la tarde y el número de teléfono es el 24-30-12. Perdón y hasta luego.

¹I need   ²today

1. ¿Cuál (*What*) es el nombre del conductor? _____

   _____

2. ¿Cuántas maletas hay en el autobús? _____

   _____

3. ¿De quiénes son las maletas? _____

   _____

4. ¿Qué hora es? _____

   _____

5. Escribe (*Write down*) el número de teléfono. _____

   _____

4 **¡Hola!** Write a conversation between two close friends. The friends should say hello, introduce a third person, ask each other how they are doing, mention what time it is, and say goodbye. Use the vocabulary and grammar you learned in this lesson. (6 pts. for vocabulary + 6 pts. for grammar + 3 pts. for style = 15 pts.)

_____

_____

_____

_____

_____

_____

_____

_____

prueba D

Lección 1

1 **Escuchar** You will hear five personal questions. Answer each one in Spanish using complete sentences. (5 × 2 pts. each = 10 pts.)

1. _____

2. _____

3. _____

4. _____

5. _____

2 **El día de Iván** Look at Iván's course load and use it to answer the questions about his schedule in complete sentences. Write out the words for the numerals. (5 × 2 pts. each = 10 pts.)

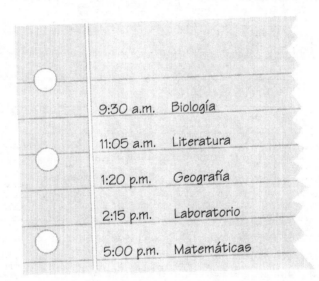

9:30 a.m.	Biología
11:05 a.m.	Literatura
1:20 p.m.	Geografía
2:15 p.m.	Laboratorio
5:00 p.m.	Matemáticas

1. ¿A qué hora es la clase de biología? _____

   _____

2. ¿A qué hora es la clase de literatura? _____

   _____

3. ¿A qué hora es la clase de geografía? _____

   _____

4. ¿A qué hora es el laboratorio? _____

   _____

5. ¿A qué hora es la clase de matemáticas? _____

Lección 1 Prueba D | **11**

3   **Lectura** Read the message that an Ecuatur travel agent left one of the agency's drivers, and answer the questions in complete sentences. When answering with numbers, write out the words for the numerals. (5 × 3 pts. each = 15 pts.)

> Hola, Pedro. Soy Eduardo. ¿Qué tal? Yo, regular. Hay un problema y necesito[1] información. Hay dos maletas y cuatro grabadoras en el autobús. Las maletas son de los turistas de México. Pero, ¿de quién son las grabadoras? Por favor, necesito la información hoy[2]. Son las seis de la tarde. Mi número de teléfono es el 23-06-15. Muchas gracias.

[1] I need   [2] today

1. ¿Cuántas maletas hay en el autobús? _____

   _____

2. ¿Cuántas grabadoras hay en el autobús? _____

   _____

3. ¿De quiénes son las maletas? _____

   _____

4. ¿Qué hora es? _____

   _____

5. Escribe (*Write down*) el número de teléfono de Eduardo. _____

   _____

4   **¡Hola!** Write a conversation between two students who have never met. The students should say hello, ask each other their names and where they are from, ask what time it is, and say goodbye. Use the vocabulary and grammar you learned in this lesson. (6 pts. for vocabulary + 6 pts. for grammar + 3 pts. for style = 15 pts.)

_____

_____

_____

_____

_____

_____

_____

_____

prueba A

Lección 2

1 **Escuchar** Read these statements. Then listen as Professor Sánchez addresses his students on the first day of classes and indicate whether each statement is **cierto** or **falso**. (5 × 2 pts. each = 10 pts.)

	Cierto	Falso
1. El profesor Sánchez enseña español.	○	○
2. La clase es los lunes, martes y viernes.	○	○
3. La clase es de diez a once de la mañana.	○	○
4. Necesitan practicar los lunes en el laboratorio.	○	○
5. El laboratorio está lejos de la biblioteca.	○	○

2 **Este semestre** Óscar and Deana are discussing this semester. Write a conversation between them using at least eight items from the list. (6 pts. for vocabulary + 6 pts. for grammar + 3 pts. for style and creativity = 15 pts.)

biblioteca	hablar	residencia estudiantil
compañero/a	lengua	tarea
desear	mirar	trabajar
gustar	porque	viernes

_____

_____

_____

_____

_____

_____

_____

3 **Una conversación** Maite and Álex are talking about their classes. Complete their conversation with the appropriate questions. (5 × 2 pts. each = 10 pts.)

MAITE Álex, ¿(1) _____?

ÁLEX El libro de periodismo está encima de la mesa.

MAITE Gracias. Necesito preparar la tarea para la clase.

ÁLEX ¿(2) _____?

MAITE Sí, me gusta mucho estudiar periodismo.

ÁLEX ¿(3) _____?

MAITE Porque la materia es muy interesante.

ÁLEX ¿(4) _____?

MAITE La profesora Diana Burgos enseña la clase de periodismo.

ÁLEX ¿(5) _____?

MAITE En la clase hay sesenta chicas.

ÁLEX ¡Qué bien! El próximo (*next*) semestre tomo la clase yo también.

Lección 2 Prueba A **13**

4 **Números** Look at the report and answer the questions accordingly in complete sentences. Write out the words for the numerals. (5 × 2 pts. each = 10 pts.)

Estudiantes	Lenguas extranjeras
1 número total de estudiantes en la escuela: 1.500	número de estudiantes que[2] hablan español: 86
2 número de estudiantes fuera del[1] campus: 497	número de estudiantes que hablan otras[3] lenguas (no español): 72
3 número de estudiantes en residencias estudiantiles: 903	número de estudiantes que estudian español: 750

[1]off [2]that [3]other

1. ¿Cuántos estudiantes hay en total? _____

_____

2. ¿Cuántos estudiantes hay en residencias estudiantiles? ¿Y fuera del campus? _____

_____

3. ¿Cuántos estudiantes hablan español? _____

_____

4. ¿Cuántos estudiantes hablan otras lenguas? _____

_____

5. ¿Cuántos estudiantes estudian español? _____

_____

5 **En España** Fill in each blank with the present tense of the appropriate Spanish verb. (10 × 2 pts. each = 20 pts.)

Querida (Dear) Jessica:

¿Cómo estás? Yo (1) _____ (to be) muy bien. Me (2) _____ (to like)

mucho estudiar español en Sevilla. (3) _____ (to study) mucho todos los días.

Las clases (4) _____ (to finish) a las 2 de la tarde. A las 2:30, yo

(5) _____ (to return) al apartamento. Mi compañero de cuarto, Germán,

(6) _____ (to work) en la universidad. Él (7) _____ (to teach)

literatura en la Facultad de Filosofía y Letras. Por las tardes, Germán y yo (8) _____

(to talk) mucho porque yo necesito practicar español. Por las noches, nosotros

(9) _____ (to watch) la televisión. Bueno, ¿y tú? ¿Qué tal? ¿Qué día

(10) _____ (to arrive) a España?

Adiós,
Jorge

6 Preguntas Answer these questions in complete sentences. (5 × 2 pts. each = 10 pts.)

1. ¿Qué día es hoy? _____

2. ¿Trabajas este semestre? _____

3. ¿Escuchas música todos los días? _____

4. ¿Te gusta escuchar la radio? _____

5. ¿A qué hora termina la clase de español? _____

7 Lectura Read Mercedes' e-mail to her brother and answer the questions in complete sentences. (5 × 2 pts. each = 10 pts.)

Para Julio	De Mercedes	Asunto Saludo

Estoy en la cafetería que está al lado de la biblioteca. Sólo[1] hay nueve estudiantes en la cafetería ahora. Estoy al lado de la ventana y, cuando deseo descansar, miro a los estudiantes que caminan por el campus. Estudio aquí para[2] el examen de biología porque Laura, mi compañera de cuarto, está en la residencia estudiantil con unas chicas y yo necesito estudiar mucho. El examen es el jueves a las tres de la tarde. También necesito preparar la tarea de física. ¡Necesito estudiar mucho!

[1]Only [2]for

1. ¿Dónde está la cafetería? _____

2. ¿Cuántos estudiantes hay en la cafetería? _____

3. ¿Cómo descansa Mercedes? _____

4. ¿Por qué estudia en la cafetería? _____

5. ¿Cuándo es el examen? _____

8 Tú Write a paragraph of at least five sentences in which you state your name and where you are from, where you go to school, the courses you are taking, if you work (and, if so, where), and some of your likes and/or dislikes. Use vocabulary and grammar you learned in this lesson. (6 pts. for vocabulary + 6 pts. for grammar + 3 pts. for style and creativity = 15 pts.)

prueba B   Lección 2

1   Escuchar Read these statements. Then listen as Professor Molina addresses her students on the first day of classes and indicate whether each statement is **cierto** or **falso**. (5 × 2 pts. each = 10 pts.)

	Cierto	Falso
1. La profesora Molina enseña psicología.	○	○
2. La clase es los martes y los viernes.	○	○
3. La clase es de una a dos de la tarde.	○	○
4. Necesitan practicar los lunes en el laboratorio.	○	○
5. El laboratorio está cerca de la librería.	○	○

2   Este semestre Dora and Julia are discussing this semester. Write a conversation between them using at least eight items from the list. (6 pts. for vocabulary + 6 pts. for grammar + 3 pts. for style and creativity = 15 pts.)

biblioteca	comprar	horario	materia
cafetería	descansar	lejos de	necesitar
clase	enseñar	llevar	regresar

_____

_____

_____

_____

_____

_____

_____

3   Una conversación Javi and Raúl are talking about their classes. Complete their conversation with the appropriate questions. (5 × 2 pts. each = 10 pts.)

JAVI Raúl, ¿(1) _____?

RAÚL El diccionario está encima de mi escritorio.

JAVI Gracias. Necesito estudiar para la prueba de español.

RAÚL ¿(2) _____?

JAVI Sí, me gusta mucho estudiar español.

RAÚL ¿(3) _____?

JAVI Porque deseo viajar a Latinoamérica.

RAÚL ¿(4) _____?

JAVI El profesor Vicente Flores enseña la clase de español.

RAÚL ¿(5) _____?

JAVI En la clase hay quince estudiantes.

RAÚL ¡Qué bien! El próximo (*next*) semestre tomo la clase yo también.

Lección 2 Prueba B   **17**

4 **Números** Look at the report and answer the questions accordingly in complete sentences. Write out the words for the numerals. (5 × 2 pts. each = 10 pts.)

Estudiantes	Información académica
1 número total de estudiantes: 2.650	especialidades: 35
2 número de chicos: 1.134	actividades extraescolares: 42
3 número de chicas: 1.516	profesores: 105

1. ¿Cuántos estudiantes hay en la escuela en total? _____
_____

2. ¿Cuántos chicos hay en la escuela? _____

3. ¿Cuántas chicas hay en la escuela? _____
_____

4. ¿Cuántas especialidades hay? _____
_____

5. ¿Cuántos profesores enseñan en esta escuela? _____
_____

5 **Mi semestre** Fill in each blank with the present tense of the appropriate Spanish verb.
(10 × 2 pts. each = 20 pts.)

Querido (Dear) Santiago:

¿Cómo estás? Yo (1) _____ (to be) muy bien. Me (2) _____ (to like)

mucho estudiar español en Sevilla. Mi apartamento (3) _____ (to be) muy cerca de la

universidad. (4) _____ (to study) todos los días, pero los martes y viernes

(5) _____ (to work) en el laboratorio y (6) _____ (to teach) inglés.

Por las noches, mi compañera de cuarto, Claire, y yo (7) _____ (to prepare) la tarea y

(8) _____ (to listen) música. Las dos necesitamos (9) _____ (to

practice) español y hablamos mucho. Bueno, ¿y tú? ¿Qué tal? ¿Qué día (10) _____ (to

arrive) a España?

Hasta pronto,
Irene

6 **Preguntas** Answer these questions in complete sentences. (5 × 2 pts. each = 10 pts.)

1. ¿Qué día es mañana? _____

2. ¿Dónde preparas la tarea? _____

3. ¿Escuchas la radio por las noches? _____

4. ¿Te gusta viajar? _____

5. ¿A qué hora llegas a casa o a la residencia hoy? _____

_____

7 **Lectura** Read Juan Antonio's e-mail to his sister and answer the questions in complete sentences.
(5 × 2 pts. each = 10 pts.)

Para Tania	**De** Juan Antonio	**Asunto** Saludo

Estoy en la biblioteca que está al lado de la residencia estudiantil. Me gusta la biblioteca porque sólo[1] hay once estudiantes ahora. Cuando deseo descansar, camino a la cafetería porque está muy cerca de la biblioteca y tomo un café[2]. Estudio aquí porque Dan, mi compañero de cuarto, está en la residencia con unos chicos y yo necesito preparar el examen de historia. El examen es el viernes a las 10 de la mañana. También necesito preparar la tarea de biología. Necesito estudiar mucho.

[1]only [2]coffee

1. ¿Dónde está la biblioteca? _____

2. ¿Cuántos estudiantes están en la biblioteca? _____

3. ¿Cómo descansa Juan Antonio? _____

4. ¿Por qué estudia en la biblioteca? _____

_____

5. ¿Cuándo es el examen? _____

8 **Tú** Write a paragraph of at least five sentences in which you mention the courses you are taking,
when they are (day and time), if you like the classes, if you work, and the things you like to do when
you are not studying. Use vocabulary and grammar you learned in this lesson. (6 pts. for vocabulary +
6 pts. for grammar + 3 pts. for style and creativity= 15 pts.)

_____

_____

_____

_____

_____

_____

_____

_____

prueba C

1 **Escuchar** You will hear five personal questions. Answer each one in Spanish using complete sentences. (5 × 2 pts. each = 10 pts.)

1. _____

2. _____

3. _____

4. _____

5. _____

2 **¿Qué tal?** Look at the photo of Jessica and Sebastián and write a conversation between them using at least eight items from the list. (4 pts. for vocabulary + 4 pts. for grammar + 2 pts. for style and creativity = 10 pts.)

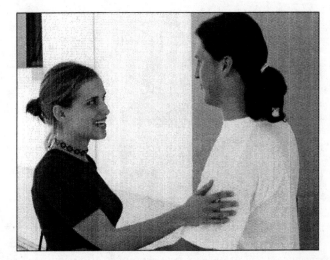

bailar	desear	hablar	tarea
cafetería	escuchar	materia	trabajar
clase	gustar	porque	viernes

_____

_____

_____

_____

_____

_____

_____

_____

_____

Pruebas

3 **Lectura** Read José's e-mail to his sister and answer the questions in complete sentences.
(5 × 3 pts. each = 15 pts.)

Para Ana	De José	Asunto Saludo

Estoy en la biblioteca del Departamento de español. Me gusta la
biblioteca: no hay muchos estudiantes. Ahora estoy al lado de la
ventana y, cuando deseo descansar, miro a los estudiantes que caminan
a clase. Hoy estudio aquí para[1] el examen de psicología porque
Manuel, mi compañero de cuarto, está en la residencia estudiantil con
diez amigos y yo necesito estudiar mucho. El examen es el martes a
las 10 de la mañana. Deseo regresar a la residencia a las 8 p.m. para
tomar algo[2] y escuchar música.

[1]for   [2]something

1. ¿Dónde estudia José? _____

_____

2. ¿Por qué está en la biblioteca? _____

_____

3. ¿Cómo descansa? _____

_____

4. ¿Cuándo es el examen? _____

_____

5. ¿Por qué desea llegar a la residencia a las ocho? _____

_____

4 **Tus clases** Write a paragraph of at least five sentences about yourself in which you state your name
and where you are from, your major, the courses you are taking, and some of your likes or dislikes.
Use vocabulary and grammar you learned in this lesson. (6 pts. for vocabulary + 6 pts. for grammar +
3 pts. for style and creativity = 15 pts.)

_____

_____

_____

_____

_____

_____

_____

_____

_____

prueba D

Lección 2

1 **Escuchar** You will hear five personal questions. Answer each one in Spanish using complete sentences. (5 × 2 pts. each = 10 pts.)

1. _____

2. _____

3. _____

4. _____

5. _____

2 **¿Qué tal?** Look at the photo of Marina and José and write a conversation between them using at least eight items from the list. (4 pts. for vocabulary + 4 pts. for grammar + 2 pts. for style and creativity = 10 pts.)

biblioteca	cantar	horario	porque
buscar	curso	laboratorio	tarea
caminar	esperar	mirar	terminar

_____

_____

_____

_____

_____

_____

_____

Lección 2 Prueba D   **23**

3 **Lectura** Read Mónica's e-mail to her brother and answer the questions in complete sentences. (5 × 3 pts. each = 15 pts.)

Para Pablo	De Mónica	Asunto Saludo

Estoy en mi cuarto de la residencia estudiantil. Hoy estudio aquí porque Sandra, mi compañera de cuarto, no está en la residencia. Ella trabaja hoy. Me gusta estudiar en mi cuarto y escuchar música. No me gusta estudiar en la biblioteca porque siempre[1] hay muchos estudiantes. Necesito estudiar para[2] el examen de historia; es mañana, lunes, a las cuatro de la tarde. Cuando deseo descansar, camino a la cafetería que está muy cerca y tomo un café[3]. Necesito estudiar mucho porque Sandra regresa a la residencia a las siete de la tarde.

[1]*always*   [2]*for*   [3]*coffee*

1. ¿Dónde estudia Mónica? _____

_____

2. ¿Por qué estudia? _____

_____

3. ¿Desea Mónica estudiar en la biblioteca? _____

_____

4. ¿Cuándo es el examen? _____

_____

5. ¿Cómo descansa? _____

_____

4 **Tus clases** Write a paragraph of at least five sentences about yourself in which you state your name and where you are from, what you study, if you work (and, if so, when and where you work), and some of your likes and/or dislikes. Use vocabulary and grammar you learned in this lesson. (6 pts. for vocabulary + 6 pts. for grammar + 3 pts. for style and creativity = 15 pts.)

_____

_____

_____

_____

_____

_____

_____

_____

_____

prueba A   Lección 3

1 **Escuchar** Read these statements. Then listen to a description of Esteban's life and indicate whether each statement is **cierto** or **falso**. (5 × 2 pts. each = 10 pts.)

	Cierto	Falso
1. Esteban es del Ecuador.	○	○
2. Esteban estudia biología.	○	○
3. Trabaja mucho.	○	○
4. Su novia tiene veintitrés años.	○	○
5. Su novia no trabaja mucho.	○	○

2 **La familia de Graciela** Look at the family tree and write how each of the remaining people indicated is related to Graciela. Beatriz has been done for you. Then describe them, using at least six words from the list. Use your imagination. (6 pts. for vocabulary + 6 pts. for grammar + 3 pts. for style and creativity = 15 pts.)

modelo
Beatriz es la abuela de Graciela.

antipático/a	guapo/a	moreno/a
bajo/a	joven	rubio/a
delgado/a	malo/a	simpático/a

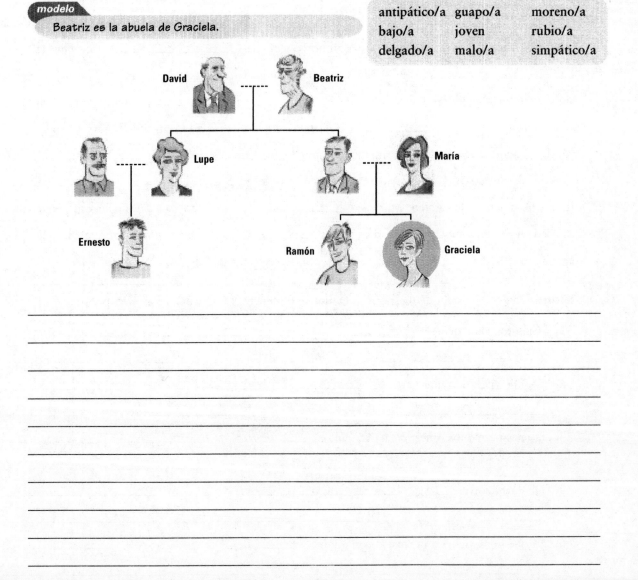

_____

_____

_____

_____

_____

_____

_____

_____

_____

3 **Julia** Julia is leaving a note for her roommate Inés. Complete each sentence with one of the possessive adjectives provided in parentheses. Pay attention to the meaning of the whole sentence when choosing your answer. (5 × 2 pts. each = 10 pts.)

(1) _____ (Mis, Sus, Su) padres vienen mañana a

(2) _____ (mis, sus, nuestro) apartamento. Debo

terminar (3) _____ (mi, sus, mis) tarea de

español hoy. ¿Tienes que asistir a (4) _____ (mi,

mis, tus) clases? Necesitas hablar con Alicia. Ella tiene

(5) _____ (sus, mi, tus) libro de español.

Gracias.

4 **La familia Pérez** Fill in each blank with the present tense of the appropriate Spanish verb. (10 × 2 pts. each = 20 pts.)

La familia Pérez (1) _____ (to live) en Guayaquil. El padre se llama Joaquín y enseña

español. La madre, Irene, trabaja en una biblioteca. Ella (2) _____ (to open) la

biblioteca todos los días a las 7:30 de la mañana. Los dos (3) _____ (to be) muy

simpáticos y trabajadores. Ellos (4) _____ (to have) dos hijas. La mayor, María, tiene

veinte años y (5) _____ (to attend) a la Universidad Central de Quito. La menor,

Marlene, tiene doce años. Las hermanas son muy buenas amigas y ellas (6) _____ (to

share) todas las cosas. Cuando María no está en casa de sus padres, ella le (7) _____

(to write) mucho a su familia. Marlene (8) _____ (to receive) muchas cartas de ella.

Marlene no estudia mucho. Sus padres no (9) _____ (to understand) a Marlene. Ellos

creen que ella (10) _____ (should) preparar más sus clases.

5 **Preguntas** Answer these questions in complete sentences. (5 × 3 pts. each = 15 pts.)

1. ¿Cuántos años tienes? _____

_____

2. ¿Dónde vive tu familia? _____

_____

3. ¿Tienes hermanos o hermanas? ¿Cuántos? _____

_____

4. ¿Te gusta correr? _____

_____

5. ¿A qué hora vienes a la clase de español? _____

_____

6 **Lectura** Read Adrián's opening screen to his web page and answer the questions in complete sentences. (5 × 3 pts. each = 15 pts.)

http://www.adrianorozco.com

Tengo veintitrés años y estudio en la universidad. Trabajo por las tardes en la cafetería. Cuando trabajo, vienen mis amigos y tomamos café. Hablamos todo el tiempo. A las diez de la noche, regreso a casa y estudio. Yo debo estudiar mucho. Necesito buenas notas[1] en química porque deseo ser médico. Mis padres son médicos y me gusta la profesión.

Este año comparto mi apartamento con Vicente, un estudiante colombiano. Somos buenos amigos. Nosotros hablamos en inglés y en español. El español no es difícil pero necesito practicar más, porque deseo estudiar un semestre en México.

[1]*grades*

1. ¿Cuántos años tiene Adrián? _____

   _____

2. ¿Qué hace (*does he do*) por las tardes? _____

   _____

3. ¿Qué materia necesita estudiar y por qué? _____

   _____

4. ¿Cuál es la profesión de su madre? _____

   _____

5. ¿Con quién vive Adrián? _____

   _____

7 **Tu familia** Write a paragraph of at least five sentences in which you describe at least one member of your family. What is he or she like physically? How is he or she in terms of personality? What does he or she do in a typical day? What does he or she do for fun? Use vocabulary you learned in this lesson. (6 pts. for vocabulary + 6 pts. for grammar + 3 pts. for style and creativity = 15 pts.)

_____

_____

_____

_____

_____

_____

_____

_____

Pruebas

1 **Escuchar** Read these statements. Then listen to a description of Manuela's life and indicate whether each statement is **cierto** or **falso**. (5 × 2 pts. each = 10 pts.)

		Cierto	Falso
1.	Manuela es colombiana.	○	○
2.	Manuela trabaja por las mañanas.	○	○
3.	Vive con su prima Tina.	○	○
4.	Tina es estudiante de matemáticas.	○	○
5.	Ellas corren los sábados.	○	○

2 **La familia de Luis Miguel** Look at the family tree and write how each of the remaining people indicated is related to Luis Miguel. Ana María has been done for you. Then describe them, using at least six words from the list. Use your imagination. (6 pts. for vocabulary + 6 pts. for grammar + 3 pts. for style and creativity = 15 pts.)

modelo

Ana María es la esposa de Luis Miguel.

antipático/a
bajo/a
delgado/a
guapo/a
interesante
joven
moreno/a
trabajador(a)
viejo/a

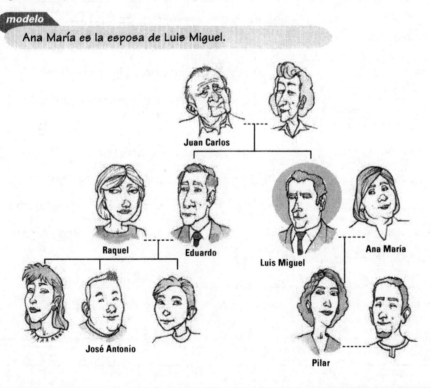

Juan Carlos

Raquel   Eduardo   Luis Miguel   Ana María

José Antonio   Pilar

_____

_____

_____

_____

_____

_____

_____

_____

Pruebas

3 **Manuela** Manuela is leaving a note for her roommate Tina. Complete each sentence with one of the possessive adjectives provided in parentheses. Pay attention to the meaning of each sentence as a whole when choosing your answer. (5 × 2 pts. each = 10 pts.)

> Necesito terminar esta tarde (1) _____ (mi, tu, su) tarea de cálculo para mañana y no tengo
>
> (2) _____ (mi, tu, tus) calculadora. Tú tienes una, ¿no? ¿Necesitas (3) _____ (mi, tu, su)
>
> calculadora hoy? Gracias. Otra cosa (*Another thing*): tienes un
>
> mensaje telefónico (*phone message*) de (4) _____
>
> (nuestros, tus, sus) padres. Es (5) _____ (mi, tu,
>
> su) aniversario (*anniversary*) este sábado y preparan una fiesta.

4 **Mi familia** Fill in each blank with the present tense of the appropriate Spanish verb. (10 x 2 pts. each = 20 pts.)

Mi esposo Esteban y yo (1) _____ (*to live*) en Barcelona. Él es periodista y

(2) _____ (*to write*) para (*for*) un periódico (*newspaper*) español. También

(3) _____ (*to read*) mucho. Yo (4) _____ (*to attend*) a la universidad.

Todas las mañanas a las 6:30, nosotros (5) _____ (*to run*) una hora. Después,

nosotros (6) _____ (*to drink*) café y (7) _____ (*to eat*). Por las

tardes, yo (8) _____ (*should*) estudiar mucho, pero a veces (*sometimes*) miro un poco

la televisión. Esteban siempre (9) _____ (*to come*) a casa tarde (*late*), pero yo

(10) _____ (*to understand*) que los periodistas trabajan mucho.

5 **Preguntas** Answer these questions in complete sentences. (5 × 3 pts. each = 15 pts.)

1. ¿De qué tienes miedo? _____

   _____

2. ¿Con quién vives este semestre? _____

   _____

3. ¿Cómo es tu familia? _____

   _____

4. ¿Cuántos primos/as tienes? _____

   _____

5. ¿Qué tienes que estudiar hoy? _____

   _____

Pruebas

6 **Lectura** Read Anabel's opening screen to her web page and answer the questions in complete sentences. (5 × 3 pts. each = 15 pts.)

---

http://www.anabeltotino.net

Hola. Soy Anabel. Tengo veintidós años y estudio en la universidad de Chicago. Vivo con mi buena amiga Rosana; ella es de Argentina también. Las dos tenemos muchas clases y mucha tarea este semestre. Por las mañanas asisto a mis clases y por las tardes preparo mi tarea en la biblioteca o en la cafetería. Los sábados trabajo de recepcionista en un hospital. Me gusta trabajar porque aprendo mucho. Deseo ser médica. Los domingos me gusta conversar con amigos, comer en restaurantes y bailar. Me gusta mucho vivir con mi amiga Rosana porque es muy fácil compartir mis problemas con ella.

---

1. ¿De dónde es Anabel? _____

_____

2. ¿Con quién vive? _____

_____

3. ¿Dónde prepara su tarea? _____

_____

4. ¿Trabaja Anabel los domingos? _____

_____

5. ¿Es difícil vivir con Rosana? ¿Por qué? _____

_____

7 **Tu amigo/a** Write a paragraph of at least five sentences in which you describe one of your friends. What is he or she like physically? How is he or she in terms of personality? What does he or she do in a typical day? What does he or she do for fun? Use vocabulary you learned in this lesson. (6 pts. for vocabulary + 6 pts. for grammar + 3 pts. for style and creativity = 15 pts.)

_____

_____

_____

_____

_____

_____

_____

_____

_____

_____

prueba C   Lección 3

1 **Escuchar** You will hear five personal questions. Answer each one in Spanish using complete sentences. (5 × 2 pts. each = 10 pts.)

1. _____

2. _____

3. _____

4. _____

5. _____

2 **La familia de Manuela** Look at the family tree and write how each of the remaining people indicated is related to Manuela. José Antonio has been done for you. Then describe them using at least six words from the list. Use your imagination. (6 pts. for vocabulary + 6 pts. for grammar + 3 pts. for style and creativity = 15 pts.)

> **modelo**
> José Antonio es el hermano de Manuela.

alto/a
feo/a
gordo/a
guapo/a
interesante
simpático/a
tonto/a
trabajador(a)

Juan Carlos

Eduardo   Ana María

Manuela   José Antonio   Pilar   Joaquín

_____
_____
_____
_____
_____
_____
_____
_____

Lección 3 Prueba C   **33**

3 **Lectura** Read Rosa's opening screen to her web page and answer the questions in complete sentences. (5 × 2 pts. each = 10 pts.)

---

http://www.rosarodriguez.com

Tengo veinte años y estudio en la universidad. Vivo en la residencia estudiantil. Trabajo por las tardes en la biblioteca. Me gusta trabajar allí[1] porque cuando no vienen estudiantes tengo tiempo para leer y estudiar. A veces[2], vienen mis amigas y tomamos café y hablamos. A las diez de la noche regreso a casa y estudio. Yo debo estudiar mucho. Debo tener buenas notas[3] en inglés porque deseo ser periodista. Mis padres son periodistas. Tienen que viajar y trabajar en muchos países diferentes. Mi compañera de cuarto se llama Mónica y somos buenas amigas. Ella es del Ecuador, y nosotras hablamos en inglés y en español. El español no es difícil pero necesito practicar más, porque deseo estudiar un semestre en el Perú.

---

[1]*there*   [2]*Sometimes*   [3]*grades*

1. ¿Cuántos años tiene Rosa? _____

   _____

2. ¿Por qué trabaja en la biblioteca? _____

   _____

3. ¿Qué materia necesita estudiar? ¿Por qué? _____

   _____

4. ¿Cuál es la profesión de su madre? _____

   _____

5. ¿Con quién comparte el cuarto de la residencia? _____

   _____

4 **¿Cómo eres?** Write a paragraph of at least five sentences in which you describe yourself. What are you like physically? How are you in terms of personality? What do you do in a typical day? What do you do for fun? Use vocabulary you learned in this lesson. (6 pts. for vocabulary + 6 pts. for grammar + 3 pts. for style and creativity = 15 pts.)

_____

_____

_____

_____

_____

_____

_____

_____

Nombre _____ Fecha _____

1 **Escuchar** You will hear five personal questions. Answer each one in Spanish using complete sentences. (5 × 2 pts. each = 10 pts.)

1. _____

2. _____

3. _____

4. _____

5. _____

2 **La familia de Eduardo** Look at the family tree and write how each of the remaining people indicated is related to Eduardo. Ana María has been done for you. Then describe them, using at least six words from the list. Use your imagination. (6 pts. for vocabulary + 6 pts. for grammar + 3 pts. for style and creativity = 15 pts.)

> **modelo**
> Ana María es la hermana de Eduardo.

bajo/a
delgado/a
guapo/a
inteligente
malo/a
moreno/a
pelirrojo/a
viejo/a

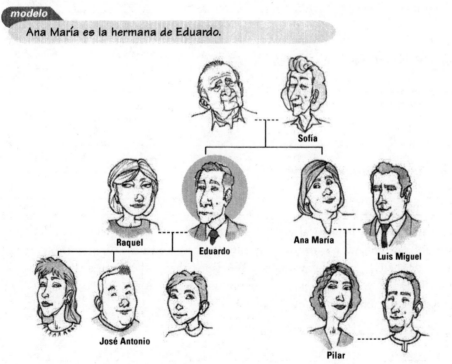

_____

_____

_____

_____

_____

_____

_____

3 **Lectura** Read Raúl's opening screen to his web page and answer the questions in complete sentences. (5 × 2 pts. each = 10 pts.)

---

http://www.raulmatute.com

Hola. Soy Raúl. Tengo diecinueve años, soy mexicano y estudio en la Universidad de Vermont. Deseo ser programador porque me gusta diseñar páginas web[1]. También me gusta hablar con mis amigos y conocer[2] personas nuevas. Este semestre debo estudiar mucho porque también trabajo por las tardes en el centro de computadoras. Este año estoy en el club de arte porque no deseo estar todo el día con computadoras. Mis padres son artistas. Ahora vivo en un apartamento con un viejo amigo. Se llama Peter y es de Maine. Nosotros hablamos inglés y español porque él desea estudiar un año en España y necesita practicar español.

---

[1]to design websites   [2]to meet

1. ¿De dónde es Raúl? _____

_____

2. ¿Por qué debe estudiar mucho este semestre? _____

_____

3. ¿Cuál es la profesión de su padre? _____

_____

4. ¿Con quién vive Raúl? _____

_____

5. ¿Por qué habla Raúl con Peter en español? _____

_____

4 **Una persona importante** Write a paragraph of at least five sentences in which you describe an important person in your life. Why is this person important in your life? What is this person like physically? How is he or she in terms of personality? What does he or she do in a typical day? What does he or she do for fun? Use vocabulary you learned in this lesson. (6 pts. for vocabulary + 6 pts. for grammar + 3 pts. for style and creativity = 15 pts.)

_____

_____

_____

_____

_____

_____

_____

_____

prueba A

Lección 4

1

Escuchar Read these questions. Then listen to the advertisement for **Club Cosmos** and answer the questions with the correct information. (5 × 2 pts. each = 10 pts.)

1. El Club Cosmos está en...
   a. las montañas.   b. el pueblo.   c. la ciudad.

2. Las actividades son para...
   a. la familia.   b. los aficionados al deporte.   c. los niños.

3. En el Club Cosmos hay...
   a. dos gimnasios.   b. dos cafeterías.   c. dos piscinas.

4. Usted puede pasar en la cafetería...
   a. sus ratos libres.   b. todos los días.   c. sus vacaciones.

5. Cierran...
   a. a las doce de la noche.   b. los ratos libres.   c. los sábados.

2

En el campus Look at the illustration and describe what the people are doing. Write at least five sentences. (6 pts. for vocabulary + 6 pts. for grammar + 3 pts. for style and creativity = 15 pts.)

_____
_____
_____
_____
_____
_____
_____
_____
_____

3 **¿Qué hacemos?** Inés and Maite have a couple of hours free and are making plans for their evening. Fill in each blank with the present tense of the appropriate stem-changing verb, irregular verb, or verb with an irregular **yo** form. (10 × 2 pts. each = 20 pts.)

INÉS ¿ (1) _____ (*to see*) el partido en la televisión?

MAITE No, hoy (2) _____ (*to prefer*) ir al cine. Yo (3) _____ (*to want*) ver una película francesa.

INÉS No me gustan las películas francesas. (4) _____ (*to think*) que son aburridas (*boring*).

MAITE Tú no (5) _____ (*to understand*) nada de películas extranjeras. Por favor, si hoy nosotras (6) _____ (*to go*) al cine, mañana (7) _____ (*can*) jugar al tenis.

INÉS Bueno, vamos al cine. ¿A qué hora (8) _____ (*to begin*) la película?

MAITE A las seis, (9) _____ (*to suppose*). Voy a ver en el periódico... sí, es a las seis.

INÉS Vamos, pero ¿(10) _____ (*to return*) pronto? Mañana tenemos que hacer muchas cosas.

4 **Preguntas** Answer these questions in complete sentences. (6 × 3 pts. each = 18 pts.)

1. ¿Qué te gusta hacer en tus ratos libres? _____

_____

2. ¿Qué vas a hacer este fin de semana? _____

_____

3. ¿Qué cosas traes a la clase de español? _____

_____

4. ¿Sales mucho? ¿Cuándo sales? _____

_____

5. ¿Eres aficionado/a a los deportes? ¿Cuáles? _____

_____

6. ¿Qué prefieres: ir a la playa o ver películas? _____

_____

5 **Lectura** Maite is writing a postcard to her friend Rubén. Read her postcard and answer the questions. (6 × 2 pts. each = 12 pts.)

> Hola Rubén:
> Por fin consigo un poco de tiempo para escribir una postal. Te escribo desde un parque de la ciudad. Hoy tengo ganas de descansar. Álex y yo pensamos ir al museo y yo después quiero almorzar en un pequeño café que hay en la plaza Mayor. Inés y Javier van a pasear por el centro. Todos tenemos que volver a las cuatro al autobús porque vamos de excursión a las montañas. Vamos a dormir en unas cabañas. Don Francisco dice que son muy bonitas.
> Y tú, ¿cómo estás? Supongo que bien. Por ahora te digo adiós, pero hablamos pronto.
> Un beso,
> Maite

1. ¿Por qué puede escribir la postal? _____

   _____

2. ¿Dónde está Maite? _____

3. ¿Qué quiere hacer ella? _____

4. ¿Qué van a hacer Maite y Álex? _____

5. ¿Dónde va a comer? _____

6. ¿Qué piensa don Francisco de las cabañas? _____

   _____

6 **Tus ratos libres** Write a paragraph of at least five sentences in which you talk about how you usually spend your free time and how you are going to spend it tomorrow. Use vocabulary and grammar you have learned in this lesson. (10 pts. for vocabulary + 10 pts. for grammar + 5 pts. for style and creativity = 25 pts.)

_____

_____

_____

_____

_____

_____

_____

_____

_____

Pruebas

prueba B   Lección 4

1 **Escuchar** Read these statements and multiple choice options. Then listen to the advertisement for **Club Excursionista** and circle the option that best completes each sentence. (5 × 2 pts. each = 10 pts.)

    1. El Club Excursionista está en...
       a. la ciudad.   b. el pueblo.   c. las montañas.

    2. Pueden pasar...
       a. un fin de semana.   b. un rato.   c. su familia.

    3. En el Club Excursionista hay...
       a. un gimnasio.   b. dos cafeterías.   c. dos piscinas.

    4. Cerca del club hay...
       a. una piscina.   b. un restaurante.   c. un parque.

    5. Si desean más información, las personas pueden...
       a. leer el periódico.   b. escribir un mensaje electrónico.   c. escribir una carta.

2 **En el parque** Look at the illustration and describe what the people are doing. Write at least five sentences. (6 pts. for vocabulary + 6 pts. for grammar + 3 pts. for style and creativity = 15 pts.)

_____

_____

_____

_____

_____

_____

_____

_____

3 **¿Fútbol?** Fill in each blank with the present tense of the appropriate Spanish stem-changing verb, irregular verb, or verb with an irregular **yo** form. (10 × 2 pts. each = 20 pts.)

JAVIER ¿(1) _____ (*to want*) ir al cine?

ÁLEX No, hoy (2) _____ (*to prefer*) estar en el hotel. Nosotros (3) _____

(*can*) mirar la televisión. Hoy hay un partido de fútbol. (4) _____ (*to think*) que

hoy (5) _____ (*to play*) mi equipo favorito.

JAVIER Yo no (6) _____ (*to understand*) nada de fútbol. Yo (7) _____

(*to suppose*) que hoy vamos a ver el fútbol pero mañana nosotros (8) _____

(*to go*) al cine.

ÁLEX Bueno, mañana al cine.

JAVIER ¿A qué hora (9) _____ (*to begin*) el partido?

ÁLEX A ver... a las tres.

JAVIER Pues, voy a ir a pasear un poco.

ÁLEX Bueno, pero ¿(10) _____ (*to return*) pronto, ¿no? No quiero ver el partido solo (*alone*).

4 **Preguntas** Answer these questions in complete sentences. (6 × 3 pts. each = 18 pts.)

1. ¿Qué clase prefieres este (*this*) semestre? _____

_____

2. ¿Eres aficionado/a al cine? _____

_____

3. ¿Sales mucho los fines de semana? ¿Adónde vas? _____

_____

4. ¿Juegas al fútbol? ¿Y al béisbol? _____

_____

5. ¿Qué vas a hacer este fin de semana? _____

_____

6. ¿Te gusta leer el periódico? _____

_____

Pruebas

5 **Lectura** Maite has received a postcard from her friend Rubén. Read the postcard and answer the questions. (6 × 2 pts. each = 12 pts.)

> Hola Maite:
>
> Gracias por la postal. Te escribo desde la cafetería de la universidad. Luis, Marta y yo queremos salir esta tarde. Marta quiere ver una película mexicana, pero yo no soy aficionado a las películas y no tengo ganas de ir al cine. Hoy prefiero pasar tiempo en el gimnasio y después leer una revista.
>
> Este fin de semana, vamos a ir al museo y después a comer en un bonito restaurante del centro. Ahora tengo que ir a la biblioteca, porque tengo que estudiar para un examen de historia. ¡Necesito descansar! Espero recibir otra postal pronto.
>
> Un beso y saludos a tus amigos,
>
> Rubén

1. ¿Dónde está Rubén? _____

2. ¿Qué piensan hacer sus amigos y él por la tarde? _____

   _____

3. ¿Qué quiere hacer Rubén? _____

4. ¿Qué van a hacer este fin de semana? _____

   _____

5. ¿Adónde va a estudiar Rubén? _____

6. ¿Por qué tiene que estudiar Rubén? _____

   _____

6 **Tus ratos libres** Write a paragraph of at least five sentences in which you talk about how you usually spend your free time and how you are going to spend it tomorrow. Use vocabulary and grammar you have learned in this lesson. (10 pts. for vocabulary + 10 pts. for grammar + 5 pts. for style and creativity = 25 pts.)

_____

_____

_____

_____

_____

_____

_____

_____

prueba C   **Lección 4**

1 **Escuchar** You will hear five personal questions. Answer each one in Spanish using complete sentences. (5 × 2 pts. each = 10 pts.)

1. _____

2. _____

3. _____

4. _____

5. _____

2 **En la ciudad** Look at the illustration and imagine that some friends are going to spend the day in the city. Describe what they are going to do, using vocabulary from this lesson, based on what you see in the image. Write at least five sentences. (6 pts. for vocabulary + 6 pts. for grammar + 3 pts. for style and creativity = 15 pts.)

_____

_____

_____

_____

_____

_____

_____

_____

Pruebas

3 **Lectura** Read this advertisement for the **Club Deportivo Mérida** and answer the questions in complete sentences. (5 × 2 pts. each = 10 pts.)

> ¿Es usted una persona activa? ¿Le gusta practicar deportes? Entonces visite el Club Deportivo Mérida, en el parque del centro de la ciudad. Tenemos actividades para los aficionados a todos los deportes. Puede practicar la natación y el ciclismo o jugar al tenis. También tenemos equipos de béisbol, vóleibol y baloncesto; hay partidos cada fin de semana. Nuestro club tiene una piscina, dos gimnasios y un café donde usted puede descansar y leer su correo electrónico. Si quiere más información, puede venir al club. Cerramos a las doce de la noche.

1. ¿Dónde está el Club Deportivo Mérida? _____
   _____

2. ¿Cuándo son los partidos de vóleibol en el Club Deportivo Mérida? _____
   _____

3. ¿Dónde puedes leer tu correo electrónico? _____
   _____

4. ¿Qué deportes puedes practicar en el Club Deportivo Mérida? _____
   _____

5. ¿Te gustan las actividades mencionadas aquí? ¿Cuáles? _____
   _____

4 **El fin de semana** Describe what you are going to do this weekend, using all of the verbs from the word bank. (6 pts. for vocabulary + 6 pts. for grammar + 3 pts. for style and creativity = 15 pts.)

dormir	pensar	querer
ir	poder	ver

_____

_____

_____

_____

_____

_____

_____

_____

_____

1   **Escuchar**   You will hear five personal questions. Answer each one in Spanish using complete sentences. (5 × 2 pts. each = 10 pts.)

1. _____

2. _____

3. _____

4. _____

5. _____

2   **Un día en el parque**   Look at the illustration and imagine that some friends are going to spend the day in the park. Describe what they are going to do, using vocabulary from this lesson, based on what you see in the image. Write at least five sentences. (6 pts. for vocabulary + 6 pts. for grammar + 3 pts. for style and creativity = 15 pts.)

_____

_____

_____

_____

_____

_____

_____

_____

    Lección 4 Prueba D   **47**

Pruebas

3   **Lectura** Read this advertisement for the **El Club Ciudad Azul** and answer the questions in complete sentences. When answering with numbers, write out the words for the numerals. (5 × 2 pts. each = 10 pts.)

> El Club Ciudad Azul abre el próximo sábado en el centro de la ciudad, al lado del Museo de Arte. Es un lugar familiar donde va a encontrar actividades deportivas y sociales. Durante la primera semana, puede visitarnos y ver nuestras instalaciones[1]. El club tiene dos piscinas, dos gimnasios, un café, un restaurante y una biblioteca donde puede pasar sus ratos libres, leer el periódico o reunirse[2] con los amigos. Los fines de semana, tenemos actividades para todos: puede practicar la natación y el baloncesto o jugar al tenis. Si quiere más información, puede llamar al teléfono 204–98–50. Cerramos a las once de la noche.

[1] facilities   [2] meet

1. ¿Dónde está el Club Ciudad Azul? _____

   _____

2. ¿Qué deportes puedes practicar en el Club Ciudad Azul? _____

   _____

3. ¿Dónde puedes leer el periódico? _____

   _____

4. ¿Cuál es el número de teléfono? _____

   _____

5. ¿Te gustan las actividades mencionadas aquí? ¿Cuáles? _____

   _____

4   **Vacaciones** Describe what you are going to do on your next vacation, using all of the verbs from the word bank. (6 pts. for vocabulary + 6 pts. for grammar + 3 pts. for style and creativity = 15 pts.)

jugar	poder	preferir	querer	visitar	volver

_____

_____

_____

_____

_____

_____

_____

_____

prueba A

Lección 5

1 **Escuchar** Read these statements and multiple choice options. Then listen to the advertisement for a travel agency and circle the option that best completes each sentence. (5 × 2 pts. each = 10 pts.)

1. La agencia de viajes se llama _____.
   a. Agencia Puerto Rico   b. Agencia Sol y Mar   c. Agencia Sol y Playa
2. La agencia ofrece (offers) _____ en San Juan.
   a. un fin de semana   b. una semana   c. una vuelta
3. Si tienes un mes de vacaciones puedes _____.
   a. tomar un barco   b. tomar el sol   c. montar a caballo
4. Boquerón es _____.
   a. una agencia   b. una playa   c. un hotel
5. En Boquerón puedes _____.
   a. acampar   b. pescar   c. ir de compras

2 **Vacaciones** Two friends are on vacation at the beach. Describe their vacation (if they enjoy the weather, what activities they do, etc.) using at least eight words from the list. Use the present progressive at least twice. (6 pts. for vocabulary + 6 pts. for grammar + 4 pts. for style and creativity = 16 pts.)

aburrido/a	agosto	estación	hacer calor	llave	mar
acampar	caballo	estar	jugar a las cartas	maletas	pescar

_____

_____

_____

_____

_____

_____

_____

3 **Hotel Colón** Use this hotel directory to answer the questions. Answer with ordinal numbers (e.g., first, second, etc.) in Spanish. Use complete sentences. (5 × 1 pt. each = 5 pts.)

Hotel Colón	Piso 5	Restaurante Vistas	Habitaciones 58–72
	Piso 4		Habitaciones 40–57
	Piso 3	Gimnasio	Habitaciones 31–39
	Piso 2	Cafetería Ecuador	Habitaciones 21–29
	Piso 1	Biblioteca	Habitaciones 1–20

1. ¿En qué piso está la biblioteca? _____

2. ¿En qué piso está la habitación cuarenta y nueve? _____

3. ¿En qué piso está el restaurante Vistas? _____

4. ¿En qué piso está el gimnasio? _____

5. ¿En qué piso está la cafetería? _____

4 **De viaje** The Gómez family is taking a trip to San Juan, Puerto Rico. Rewrite the sentences, changing the underlined direct object nouns to direct object pronouns. (8 × 1 pt. each = 8 pts.)

1. Toda la familia hace las maletas. _____

2. Juan pone el equipaje y la cámara de fotos en el automóvil. _____
_____

3. Mariselis lleva los pasaportes. _____

4. Su hijo, Emilio, pide las cartas. _____

5. La abuela, Rosa, busca el periódico. _____

6. Juan tiene los pasajes de avión. _____

7. Mariselis va a comprar mapas de Puerto Rico. _____

8. La abuela y Mariselis quieren visitar los monumentos de San Juan. _____
_____

5 **Amigos** Fill in the blanks with the appropriate forms of **ser** or **estar**. (10 × 1.5 pts. each = 15 pts.)

DIANA ¡(1) _____ lloviendo!

MIGUEL Claro, (2) _____ otoño, ¿no?

DIANA Mmm... no me gusta la lluvia y tengo que ir al hospital y (3) _____ lejos.

MIGUEL ¿Al hospital? ¿(4) _____ preocupada por algo (*anything*)?

DIANA No, mi amigo Noé (5) _____ médico y (6) _____ trabajando allí.

MIGUEL ¿Ustedes (7) _____ novios?

DIANA No, él (8) _____ muy enamorado de otra chica. Nosotros (9) _____ amigos.

MIGUEL Oye, yo (10) _____ aburrido, ¿quieres ir a tomar un café?

DIANA No, gracias, tengo que ir al hospital. Quizás el fin de semana...

6 **Preguntas** Answer these questions in Spanish. Use complete sentences. (6 × 3 pts. each = 18 pts.)

1. En verano, ¿prefieres ir de vacaciones al campo o a la playa? _____
_____

2. En invierno, ¿adónde vas de vacaciones? _____
_____

3. ¿Qué tiempo hace hoy en tu ciudad? _____
_____

4. ¿En qué piso tomas la clase de español? _____
_____

5. ¿Te gusta viajar en tren? ¿Por qué? _____
_____

6. ¿Cuáles son tres cosas que haces cuando vas de vacaciones a la playa? _____

7 **Lectura** Read this travel agency advertisement and answer the questions in complete sentences.
(5 × 2 pts. each = 10 pts.)

Agencia Turistar

PUERTO RICO TE ESTÁ ESPERANDO.
Ahora puedes pasar unos días fantásticos por muy pocos dólares. ¿Te gusta
viajar en barco? ¿Te gusta el Caribe¹? Puedes pasar unas magníficas
vacaciones visitando las bonitas playas puertorriqueñas.

Pero si prefieres las ciudades, puedes visitar San Juan. ¿Dónde dormir? El hotel El Gran Sol está
abierto todo el año. Tenemos habitaciones dobles al lado del mar. Puedes tomar el sol en la playa
durante² el día y pasear por la interesante ciudad por la noche.

Actividades del hotel: pescar, excursiones, montar a caballo, nadar.
Puedes hacer una reservación en el teléfono 684-250-4399.

---

¹*Caribbean*   ²*during*

1. ¿Cómo puedes pasar unas buenas vacaciones en Puerto Rico? _____

   _____

2. ¿Quiénes deben ir a San Juan? _____

3. ¿Cuándo cierra el hotel El Gran Sol? _____

   _____

4. ¿Qué pueden hacer los huéspedes del hotel por la noche? _____

   _____

5. ¿Qué diversiones hay en el hotel? _____

   _____

8 **¿Cómo soy? ¿Cómo estoy?** Write a paragraph of at least five sentences describing yourself.
Describe what you are like in general, how you are feeling today, and what you are doing right now.
Use at least five different adjectives and the vocabulary and grammar you learned in this lesson.
(7 pts. for vocabulary + 7 pts. for grammar + 4 pts. for style and creativity = 18 pts.)

_____

_____

_____

_____

_____

_____

_____

_____

_____

Lección 5 Prueba A   **51**

prueba B

Lección 5

1 **Escuchar** Read these statements and multiple choice options. Then listen to the advertisement for a travel agency and circle the option that best completes each sentence. (5 × 2 pts. each = 10 pts.)

1. La agencia de viajes se llama _____.
   a. Agencia Sol y Playa　　　b. Agencia El Gran Sol　　　c. Agencia Puerto Rico
2. La agencia ofrece (*offers*) _____ en San Juan.
   a. un fin de semana　　　b. una semana　　　c. una vuelta
3. Si tienes dos semanas de vacaciones puedes _____.
   a. acampar en la playa　　　b. montar a caballo　　　c. jugar a las cartas
4. Boquerón es _____.
   a. una agencia　　　b. una playa　　　c. un hotel
5. En Boquerón puedes _____.
   a. pescar　　　b. acampar　　　c. ir de compras

2 **Vacaciones** Two friends are on vacation in the mountains. Describe their vacation (if they enjoy the weather, what activities they do, etc.) using at least eight words from the list. Use the present progressive at least twice. (6 pts. for vocabulary + 6 pts. for grammar + 4 pts. for style and creativity = 16 pts.)

aeropuerto	cama	equipaje	habitación	limpio/a	nevar
cabaña	enojado/a	excursión	hacer frío	llover	pescar

_____

_____

_____

_____

_____

_____

_____

3 **Hotel Sol** Use this hotel directory to answer the questions. Answer with the appropriate ordinal numbers (e.g., *first, second,* etc.) in Spanish. Use complete sentences. (5 × 1 pt. each = 5 pts.)

Hotel Sol	Piso 5		Habitaciones 58–72
	Piso 4	Restaurante Vistas	Habitaciones 40–57
	Piso 3	Agencia de viajes Sol	Habitaciones 31–39
	Piso 2	Biblioteca	Cafetería Luz del Mar
	Piso 1	Gimnasio	Habitaciones 1–30

1. ¿En qué piso está la biblioteca? _____

2. ¿En qué piso está la habitación sesenta y dos? _____

3. ¿En qué piso está el restaurante Vistas? _____

4. ¿En qué piso está el gimnasio? _____

5. ¿En qué piso está la agencia de viajes Sol? _____

Lección 5 Prueba B　**53**

4 **De viaje** The Fernández family is taking a trip to San Juan, Puerto Rico. Rewrite the sentences, changing the underlined direct object nouns to direct object pronouns. (8 × 1 pt. each = 8 pts.)

1. Vicente pone <u>las maletas</u> en el automóvil. _____

2. Isabel lleva <u>los documentos</u>. _____

3. Su hijo, José Manuel, tiene <u>la cámara de fotos</u>. _____

4. Su hija Anabel busca <u>un mapa de la isla</u>. _____

5. Vicente tiene <u>los pasajes de avión</u>. _____

6. La abuela e Isabel quieren visitar <u>los museos de San Juan</u>. _____

_____

7. Vicente e Isabel quieren escribir <u>cartas</u> a sus amigos. _____

_____

8. Todos quieren tomar <u>café puertorriqueño</u>. _____

5 **Amigos** Fill in the blanks with the appropriate forms of **ser** or **estar**. (10 × 1.5 pts. each = 15 pts.)

NANCY ¡(1) _____ nevando!

ANDRÉS Claro, (2) _____ febrero, ¿no?

NANCY Tengo que ir a visitar a un amigo y su casa (3) _____ lejos.

ANDRÉS ¿(4) _____ cansada? ¿Dónde (5) _____ su casa?

NANCY En el centro. Él (6) _____ triste y necesita hablar conmigo.

ANDRÉS ¿Ustedes (7) _____ novios?

NANCY Nosotros sólo (8) _____ amigos. Él (9) _____ enamorado de otra chica.

ANDRÉS Bueno, últimamente (*lately*) yo (10) _____ trabajando mucho y necesito hablar. Vamos a tomar un café.

6 **Preguntas** Answer these questions in Spanish. Use complete sentences. (6 × 3 pts. each = 18 pts.)

1. Cuando haces un viaje, ¿prefieres acampar o ir a un hotel? _____

_____

2. ¿Cuáles son tres cosas que haces cuando vas de vacaciones al campo? _____

_____

3. ¿Te gusta viajar en avión? ¿Por qué? _____

_____

4. ¿Cuántos pisos tiene la biblioteca de tu universidad? _____

_____

5. ¿Cuál es la fecha de hoy? _____

_____

6. ¿Qué tiempo hace esta (*this*) semana en tu ciudad? _____

_____

7 **Lectura** Read this travel agency advertisement and answer the questions in complete sentences.
(5 × 2 pts. each = 10 pts.)

Agencia de viajes Sol

PUERTO RICO TE ESTÁ ESPERANDO.

¿Te gusta explorar paisajes exóticos? Puedes explorar las bonitas playas
puertorriqueñas y pasar horas nadando y buceando. También puedes
viajar en barco y montar a caballo. Pero si prefieres descansar, las playas de
Puerto Rico son ideales para tomar el sol y pescar.

El hotel Mar Azul es el lugar perfecto para las personas que buscan aventura y para las personas
que quieren descansar. Puedes hacer muchas actividades durante el día y por la tarde puedes
visitar la ciudad. Por la noche puedes cenar en fantásticos restaurantes y bailar en las discotecas.

Actividades del hotel: excursiones en barco, excursiones a caballo, clases de salsa. Puedes hacer una
reservación en el teléfono 684-250-4399. El hotel Mar Azul está abierto todo el año.

1. ¿Qué pueden hacer las personas activas en Puerto Rico? _____
_____

2. ¿Qué puedes hacer en Puerto Rico si estás cansado/a? _____
_____

3. ¿Qué puedes hacer por la tarde? ¿Y por la noche? _____
_____

4. ¿En qué meses puedes visitar el hotel Mar Azul? _____
_____

5. ¿Qué diversiones hay en el hotel? _____
_____

8 **¿Cómo es? ¿Cómo está?** Write at least five sentences describing a friend of yours. Describe what
your friend is like in general, how he or she is feeling today, and what he or she is doing right now
(use your imagination). Use at least five different adjectives and vocabulary and grammar from this
lesson. (7 pts. for vocabulary + 7 pts. for grammar + 4 pts. for style and creativity = 18 pts.)

_____

_____

_____

_____

_____

_____

_____

_____

_____

prueba C **Lección 5**

1 **Escuchar** You will hear five personal questions. Answer each one in Spanish using complete sentences. (5 × 2 pts. each = 10 pts.)

1. _____

2. _____

3. _____

4. _____

5. _____

2 **Vacaciones** Two friends are on vacation at the beach. Describe their vacation (if they enjoy the weather, what activities they do to have fun, if they run into any problems, etc.) using at least six words from the list. Use the present progressive and direct object pronouns at least twice. (4 pts. for vocabulary + 4 pts. for grammar + 2 pts. for style and creativity = 10 pts.)

| alegre | equipaje | jugar | nervioso/a | primer | triste |
| amable | hacer | llave | preocupado/a | quinto/a | verano |

3 **Hotel Colón** Use this hotel directory to answer the questions. Answer with the appropriate ordinal numbers (e.g., *first, second,* etc.) in Spanish. Use complete sentences. (5 × 1 pt. each = 5 pts.)

Hotel Colón	Piso 5	Biblioteca	Habitaciones 59–72
	Piso 4	Restaurante Latino	Habitaciones 40–58
	Piso 3	Gimnasio	Habitaciones 31–39
	Piso 2	Agencia de viajes Turistar	Habitaciones 21–30
	Piso 1	Cafetería Quito	Habitaciones 1–20

1. ¿En qué piso está el restaurante Latino? _____

2. ¿En qué piso está la habitación veintidós? _____

3. ¿En qué piso está la biblioteca? _____

4. ¿En qué piso está la cafetería? _____

5. ¿En qué piso está el gimnasio? _____

4 **Lectura** Read the travel advertisement and answer the questions in complete sentences.
(5 × 2 pts. each = 10 pts.)

Agencia Marina

San Juan, Puerto Rico te está esperando.
Ahora puedes pasar unos días fantásticos por muy pocos dólares.

¿Dónde dormir? El hotel Casals está en el Viejo San Juan. Cerca del
hotel hay cafés, monumentos y restaurantes. Tenemos un autobús
que lleva a nuestros huéspedes a la playa.

El hotel Morro está abierto todo el año. Tenemos habitaciones dobles al lado del mar. Puedes
tomar el sol en la playa durante[1] el día y pasear por la bonita ciudad por la noche.

Actividades organizadas por el hotel: pescar, excursiones, montar a caballo, nadar.
Puedes hacer una reservación en el teléfono 346-825-9490.

---

[1]*during*

1. ¿Cómo pueden ir a la playa los huéspedes del hotel Casals? _____

    _____

2. ¿Qué hay en el Viejo San Juan? _____

    _____

3. ¿Qué mes cierra el hotel Morro? _____

    _____

4. ¿Qué pueden hacer los huéspedes del hotel Morro por la mañana? _____

    _____

5. ¿Qué diversiones hay en el hotel Morro? _____

    _____

5 **¿Cómo es? ¿Cómo está?** Write a paragraph of at least five sentences describing a friend or a
family member. Say what he or she is like in general, how he or she is feeling today, and what he or she
is doing right now. Use at least five different adjectives and the vocabulary and grammar you learned in
this lesson. (6 pts. for vocabulary + 6 pts. for grammar + 3 pts. for style and creativity = 15 pts.)

_____

_____

_____

_____

_____

_____

_____

_____

_____

prueba D

Lección 5

1 **Escuchar** You will hear five personal questions. Answer each one in Spanish using complete sentences. (5 × 2 pts. each = 10 pts.)

1. _____

2. _____

3. _____

4. _____

5. _____

2 **Vacaciones** Two friends are on vacation in the mountains. Describe their vacation (if they enjoy the weather, what activities they do, if they run into any problems, etc.) using at least six words from the list. Use the present progressive and direct object pronouns at least twice. (4 pts. for vocabulary + 4 pts. for grammar + 2 pts. for style = 10 pts.)

amable	cansado/a	empleado/a	habitación	invierno	llegada
avergonzado/a	cómodo/a	estación	hacer sol	listo/a	sacar

_____

_____

_____

_____

_____

_____

_____

_____

3 **Hotel Viejo San Juan** Use the hotel directory to answer the questions. Answer with the appropriate ordinal numbers (e.g., *first, second*, etc.) in Spanish. Use complete sentences. (5 × 1 pt. each = 5 pts.)

	Piso 6	Restaurante Tostones	Habitaciones 73–90
	Piso 5	Gimnasio	Habitaciones 58–72
Hotel	**Piso 4**		Habitaciones 40–57
Viejo San	**Piso 3**	Agencia de viajes Sol	Habitaciones 31–39
Juan	**Piso 2**	Biblioteca	Habitaciones 21–30
	Piso 1	Cafetería Luz del Mar	Habitaciones 1–20

1. ¿En qué piso está el restaurante Tostones? _____

2. ¿En qué piso está la habitación cuarenta y tres? _____

3. ¿En qué piso está la biblioteca? _____

4. ¿En qué piso está la cafetería? _____

5. ¿En qué piso está la agencia de viajes Sol? _____

4 **Lectura** Read the travel advertisement and answer the questions in complete sentences.
(5 × 2 pts. each = 10 pts.)

Agencia Marina

San Juan, Puerto Rico te está esperando.
Ahora puedes pasar unos días fantásticos y económicos.

El hotel Conquistador está en el Viejo San Juan. Cerca del hotel hay
museos, monumentos y muy buenos restaurantes. El hotel ofrece[1]
viajes todos los días a la playa en autobús.

El hotel Coquí está abierto todo el año. Tenemos para usted espectaculares habitaciones al lado del
mar. Puede tomar el sol, nadar y bucear en la playa y bailar salsa en las discotecas de la ciudad.
Actividades organizadas en el hotel: clases de salsa, excursiones en bicicleta, excursiones a caballo.
Puedes hacer una reservación en el teléfono 346-825-9490.

---

[1]*offers*

1. ¿Cómo pueden ir a la playa los huéspedes del hotel Conquistador? _____

_____

2. ¿Qué hay en el Viejo San Juan? _____

_____

3. ¿En qué meses puedes visitar el hotel Coquí? _____

_____

4. ¿Qué actividades acuáticas (*aquatic*) pueden hacer los huéspedes del hotel Coquí? _____

_____

5. ¿Qué diversiones hay en el hotel Coquí? _____

_____

5 **¿Cómo eres? ¿Cómo estás?** Write a paragraph of at least five sentences describing yourself. Say
what you are like in general, how you are feeling today, and what you are doing right now. Use at
least five different adjectives and the vocabulary and grammar you learned in this lesson. (6 pts. for
vocabulary + 6 pts. for grammar + 3 pts. for style and creativity = 15 pts.)

_____

_____

_____

_____

_____

_____

_____

_____

prueba A

Lección 6

1 **Escuchar** You are going to hear a public address system announcing seasonal sales. Listen carefully and then indicate the option that best complete each sentence. (5 × 2 pts. each = 10 pts.)

1. El Caribe es...
   a. una tienda de computadoras. b. un mercado. c. un almacén.

2. Los clientes no tienen que gastar mucho dinero porque...
   a. no tienen mucho dinero. b. van a conseguir las mejores rebajas. c. tienen tarjeta de crédito.

3. En la tienda para niños venden...
   a. pantalones de todos los colores. b. sombreros. c. faldas.

4. En la tienda para hombres tienen...
   a. camisetas y pantalones. b. chaquetas y pantalones. c. camisas y pantalones.

5. En la tienda las señoras pueden comprar...
   a. vestidos y guantes. b. blusas y zapatos. c. cinturones que hacen juego con la ropa.

2 **De compras** Write a dialogue between the customer and the sales clerk based on the illustration. Use indirect object pronouns and at least six words from the list. (7 pts. for vocabulary + 7 pts. for grammar + 2 pts. for style and creativity = 16 pts.)

barato/a	dar	pantalones	suéter
caja	efectivo	rebajas	talla
corbata	gris	regalo	tarjeta de crédito

_____

_____

_____

_____

_____

_____

_____

_____

_____

_____

_____

Pruebas

3 **¿Qué desea?** Complete this dialogue with the appropriate demonstrative pronouns.
(7 × 2 pts. each = 14 pts.)

VENDEDOR ¿Quiere ver aquellas faldas?

DORA Prefiero ver (1) _____ (*these*). ¿Y esa camiseta?

VENDEDOR ¿(2) _____ (*That one*) o (3) _____ (*that one over there*)?

DORA (4) _____ (*That one over there*). Y, ¿puede mostrarme esos vestidos?

VENDEDOR ¿(5) _____ (*These*) o (6) _____ (*those*)?

DORA Éstos. Me gustaría (*I would like*) comprar guantes. ¿Cuánto cuestan (7) _____
(*those over there*)?

VENDEDOR Cuestan cincuenta y ocho dólares.

DORA Los compro.

4 **En el centro comercial** Read the paragraph and write the appropriate preterite forms in the
spaces provided. (10 × 2 pts. each = 20 pts.)

El sábado pasado, Eugenia y yo fuimos (*went*) al centro comercial a comprar ropa. El centro

(1) _____ (abrir) a las 9:00 y nosotras (2) _____ (llegar) a las 9:30

de la mañana. Primero, (3) _____ (tomar) café en la cafetería del centro comercial.

Después, (4) _____ (visitar) las tiendas. Luego, a las dos de la tarde,

(5) _____ (volver) a la cafetería para comer algo (*something*). Yo no

(6) _____ (comprar) nada, pero Eugenia compró muchas cosas porque

(7) _____ (recibir) mucho dinero de sus padres la semana pasada. Yo

(8) _____ (ver) una falda muy bonita, pero muy corta para mí. Eugenia

(9) _____ (gastar) todo su dinero: compró dos vestidos, unos zapatos, una blusa y

una falda. A las 9:00 de la noche, nosotras (10) _____ (salir) del centro.

5 **Preguntas** Answer these questions in Spanish. Use complete sentences. (5 × 3 pts. each = 15 pts.)

1. ¿Qué ropa llevas cuando vas a clase? _____

_____

2. ¿Te prestan dinero tus amigos? _____

_____

3. ¿Sabes qué ropa está de moda? _____

_____

4. ¿A qué hora volviste ayer a casa? _____

_____

5. ¿Cuándo empezaste a estudiar español? _____

_____

6 **Lectura** Read this advertisement and answer the questions below in complete sentences. When answering with numbers, write out the words for the prices. (3 × 2 pts. each = 6 pts.)

COLECCIÓN PRIMAVERA-VERANO

Acaba de salir la moda de primavera-verano. Viene en muchos colores y es muy cómoda. Ya no tenemos que decidir entre estar cómodos y sentirnos elegantes.

Mujeres a la moda: Esta primavera pueden comprar diferentes estilos[1] de botas, de minifaldas y de camisetas de colores. Este verano pueden llevar vestidos con variedad de estilos y colores para dar una imagen chic.
Vestido verde y amarillo: 250 pesos Zapatos rojos: 150 pesos Zapatos marrón: 159 pesos

Hombres a la moda: Cómodos pantalones marrones: 175 pesos   Elegante chaqueta negra: 49 pesos

---

[1]*styles*

1. ¿Cómo es la ropa que viene para la temporada (*season*) de primavera-verano? _____

   _____

2. ¿Cómo son los vestidos que dan una imagen chic? _____

   _____

3. ¿De qué color son los zapatos que cuestan ciento cincuenta y nueve pesos? _____

   _____

7 **De compras** Marta is having a conversation with her friend Ana Rosa. Based on Marta's questions, write Ana Rosa's responses. (4 × 2 pts. each = 8 pts.)

MARTA: ¿Sabes dónde está la nueva tienda de ropa?
ANA ROSA: 1. _____
MARTA: ¿Compraste allí (*there*) esa falda? Me gusta mucho.
ANA ROSA: 2. _____
MARTA: ¿Sabes si tienen tallas pequeñas? Le quiero comprar una a mi hermanita.
ANA ROSA: 3. _____
MARTA: ¿Estaba barata? ¿Cuánto pagaste?
ANA ROSA: 4. _____

8 **El fin de semana** Write a paragraph of at least six sentences describing what you did last weekend. Use at least four different verbs in the preterite. (4 pts. for vocabulary + 4 pts. for grammar + 3 pts. for style and creativity = 11 pts.)

_____

_____

_____

_____

_____

_____

_____

_____

1 **Escuchar** You are going to hear a public address system announcing seasonal sales. Listen carefully and then circle the letter that best complete each sentence. (5 × 2 pts. each = 10 pts.)

1. El Prado es...
   a. un mercado al aire libre.   b. un centro comercial.   c. un supermercado.

2. El/La cliente/a puede llevar ropa de moda...
   a. a precios de ganga.   b. pagando con tarjeta de crédito.   c. y de muy buena calidad.

3. En la tienda para niños venden _____ para los días de frío.
   a. abrigos   b. impermeables   c. camisetas

4. En la tienda de señoras pueden comprar _____ que hacen juego con todo.
   a. cinturones y corbatas   b. vestidos   c. medias, sombreros y guantes

5. En la tienda para hombres hay una excelente rebaja en...
   a. chaquetas y pantalones.   b. cinturones y corbatas.   c. camisas y pantalones.

2 **De compras** Write a dialogue between the customer and the sales clerk based on the illustration. Use indirect object pronouns and at least six words from the list. (7 pts. for vocabulary + 7 pts. for grammar + 2 pts. for style and creativity = 16 pts.)

azul	chaqueta	precio	regatear
camisa	corbata	rebajas	saber
caro/a	costar	regalo	tarjeta de crédito

_____

_____

_____

_____

_____

_____

_____

_____

_____

_____

_____

_____

_____

_____

_____

3 **¿Qué desea?** Complete this dialogue with the appropriate demonstrative pronouns. (7 × 2 pts. each = 14 pts.)

VENDEDOR Tenemos muchos pantalones en rebaja. ¿Quiere ver (1) _____ (*those over there*)?

PABLO No, gracias. Prefiero ver (2) _____ (*these*). Y necesito una camisa. ¿Puedo ver (3) _____ (*that one*)?

VENDEDOR ¿(4) _____ (*That one*) o (5) _____ (*that one over there*)?

PABLO (6) _____ (*That one over there*). Me gustaría (*I would like*) comprar un cinturón también. ¿Cuánto cuesta (7) _____ (*this one*)?

VENDEDOR Cuesta setenta y ocho dólares.

PABLO Lo compro.

4 **En el centro comercial** Read the paragraph and write the appropriate preterite forms in the spaces provided. (10 × 2 pts. each = 20 pts.)

El domingo pasado, mi novia, Marcela, y yo fuimos (*went*) al centro comercial a comprar ropa.

Nosotros (1) _____ (llegar) a las 9:30 de la mañana, pero ese día el centro no

(2) _____ (abrir) hasta las 10:00. Entonces, nosotros (3) _____

(esperar) en una cafetería cerca del centro. A las 10:00 en punto, nosotros (4) _____

(empezar) a visitar las tiendas. Primero, Marcela (5) _____ (comprar) un traje muy

bonito. Después, un dependiente me (6) _____ (mostrar) una chaqueta muy elegante,

pero demasiado corta para mí. Al fin, yo (7) _____ (encontrar) una tienda de ropa

con tallas para personas altas. Yo (8) _____ (ver) unos pantalones perfectos y otras

cosas que necesitaba (*I needed*). Nosotros no (9) _____ (salir) de la tienda hasta que

los dependientes la (10) _____ (cerrar).

5 **Preguntas** Answer the questions in Spanish. Use complete sentences. (5 × 3 pts. each = 15 pts.)

1. ¿Qué ropa llevas a una fiesta (*party*)? _____

_____

2. ¿Conoces a muchas personas que siguen la moda? _____

_____

3. ¿Cuál es tu ropa favorita? _____

_____

4. ¿Gastaste mucho dinero la última vez (*the last time*) que visitaste otra ciudad? _____

_____

5. ¿A qué hora saliste de tu casa esta mañana? _____

_____

6 **Lectura** Read this advertisement and then answer the questions in complete sentences. (3 × 2 pts. each = 6 pts.)

COLECCIÓN OTOÑO-INVIERNO

Acaba de salir la moda de otoño-invierno. Este año la moda viene con muchos colores en la ropa para darle color y alegría a los días fríos.

Mujeres a la moda: Este otoño pueden comprar muchos estilos¹ de faldas y pantalones en rojo, amarillo y anaranjado. Y lo más nuevo: impermeables de color verde y rosado con botas y bolsas que hacen juego.

Impermeable rosado: 165 pesos   Chaqueta: 100 pesos
Impermeable verde: 176 pesos   Abrigo largo: 315 pesos

Hombres a la moda: Cómodos pantalones y suéteres: 65 pesos   Elegante chaqueta negra: 250 pesos

---

¹*styles*

1. ¿Cómo es la nueva moda para la temporada (*season*) de otoño-invierno? _____

_____

2. ¿De qué colores son las nuevas botas? _____

_____

3. ¿De qué color es el impermeable que cuesta ciento setenta y seis pesos? _____

_____

7 **Conversación** Cristina is having a conversation with her friend Ana. Based on Cristina's questions, write Ana's responses. (4 × 2 pts. each = 8 pts.)

CRISTINA: ¿Conoces el nuevo centro comercial?

ANA: 1. _____

CRISTINA: ¿Compraste allí (*there*) esos zapatos?

ANA: 2. _____

CRISTINA: ¿Cuánto te costaron?

ANA: 3. _____

CRISTINA: Eso es mucho dinero. ¿Sabes cuándo van a tener rebajas?

ANA: 4. _____

8 **El fin de semana** Write a paragraph of at least six sentences describing what you did during your last long weekend. Use at least four different verbs in the preterite. (4 pts. for vocabulary + 4 pts. for grammar + 3 pts. for style and creativity = 11 pts.)

_____

_____

_____

_____

_____

_____

_____

prueba C

1 **Escuchar** You will hear five personal questions. Answer each one in Spanish using complete sentences. (5 × 2 pts. each = 10 pts.)

1. _____

2. _____

3. _____

4. _____

5. _____

2 **De compras** Write a dialogue between the customer and the sales clerk based on the illustration. Use indirect object pronouns and at least eight words from the list. (6 pts. for vocabulary + 6 pts. for grammar + 3 pts. for style and creativity = 15 pts.)

aquéllos/as	conocer	estos	saber
barato/a	dar	precio	tarjeta de crédito
caro/a	esta	regalo	traje

_____

_____

_____

_____

_____

_____

_____

_____

_____

_____

_____

_____

_____

_____

_____

_____

_____

_____

3 **Lectura** Read this advertisement and answer the questions in complete sentences. When answering with numbers, write out the words for the prices. (5 × 2 pts. each = 10 pts.)

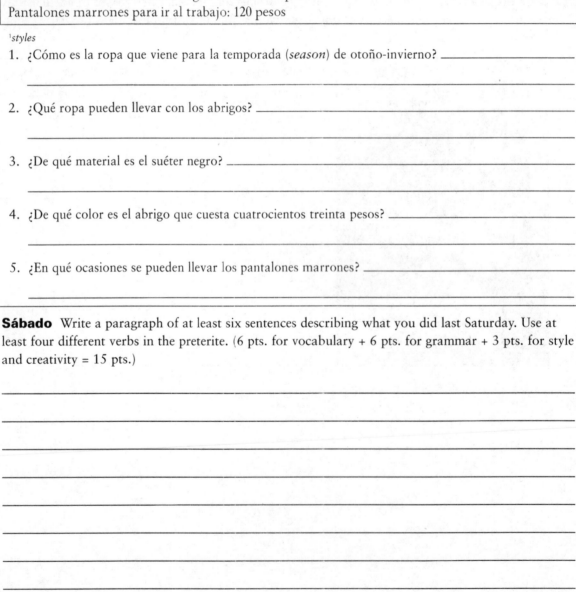

COLECCIÓN OTOÑO-INVIERNO

Acaba de salir la moda de Otoño-Invierno. Viene en colores marrón y negro y, como es muy cómoda, ya no tenemos que decidir entre estar cómodos y sentirnos elegantes.

Mujeres a la moda: Este otoño pueden comprar diferentes estilos[1] de botas, de faldas largas y de vestidos de hermosos colores. En invierno van a ver elegantes abrigos que hacen juego con trajes de pantalón y chaqueta.

Abrigo de color rojo: 430 pesos   Falda larga de muchos colores: 250 pesos
Abrigo de color marrón: 375 pesos   Botas de color negro: 135 pesos

Hombres a la moda: Suéter negro de lana: 200 pesos
Pantalones marrones para ir al trabajo: 120 pesos

[1]*styles*

1. ¿Cómo es la ropa que viene para la temporada (*season*) de otoño-invierno? _____
   _____

2. ¿Qué ropa pueden llevar con los abrigos? _____
   _____

3. ¿De qué material es el suéter negro? _____
   _____

4. ¿De qué color es el abrigo que cuesta cuatrocientos treinta pesos? _____
   _____

5. ¿En qué ocasiones se pueden llevar los pantalones marrones? _____
   _____

4 **Sábado** Write a paragraph of at least six sentences describing what you did last Saturday. Use at least four different verbs in the preterite. (6 pts. for vocabulary + 6 pts. for grammar + 3 pts. for style and creativity = 15 pts.)

_____

_____

_____

_____

_____

_____

_____

_____

_____

prueba D

1 **Escuchar** You will hear five personal questions. Answer each one in Spanish using complete sentences. (5 × 2 pts. each = 10 pts.)

1. _____

2. _____

3. _____

4. _____

5. _____

2 **De compras** Write a dialogue between the customer and the sales clerk based on the illustration. Use indirect object pronouns and at least six words from the list. (6 pts. for vocabulary + 6 pts. for grammar + 3 pts. for style and creativity = 15 pts.)

abrigo	caro/a	esos	regatear
aquel	conocer	éstos	saber
barato/a	dar	regalo	talla

_____

_____

_____

_____

_____

_____

_____

_____

_____

_____

_____

_____

_____

_____

_____

3 **Lectura** Read this advertisement and answer the questions in complete sentences. When answering with numbers, write out the words for the prices. (5 × 2 pts. each = 10 pts.)

COLECCIÓN PRIMAVERA-VERANO

Acaba de salir la moda de primavera-verano. Este año mucha ropa viene en colores morado y azul, y en estilos¹ muy cómodos pero elegantes.

Mujeres a la moda: Esta primavera pueden comprar diferentes estilos de faldas largas y trajes de pantalón y chaqueta para ir al trabajo, con los nuevos colores de este año. En verano van a ver en las tiendas elegantes vestidos que hacen juego con zapatos y bolsas de muchos estilos. Y para ir a la playa, pantalones cortos y sandalias de todos los colores.
Vestido morado: 250 pesos   Falda larga: 150 pesos   Sandalias de color rojo: 135 pesos

Hombres a la moda: Trajes elegantes en colores claros²: 300 pesos
Cómodas camisetas para las vacaciones: 129 pesos

---

¹*styles*   ²*light*

1. ¿Cómo es la moda de primavera-verano? _____

   _____

2. ¿Qué pueden llevar con los vestidos? _____

   _____

3. Ésta primavera, ¿qué ropa está de moda para mujeres? _____

   _____

4. ¿Qué venden para ir a la playa? _____

   _____

5. ¿Qué ropa para hombres está de moda? _____

   _____

4 **Domingo** Write a paragraph of at least six sentences describing what you did last Sunday. Use at least four different verbs in the preterite. (6 pts. for vocabulary + 6 pts. for grammar + 3 pts. for style and creativity = 15 pts.)

_____

_____

_____

_____

_____

_____

_____

_____

_____

prueba A

Lección 7

Pruebas

1

Escuchar Read these statements and listen as Vicente talks about his plans for tomorrow. Then indicate whether each statement is **cierto** or **falso**. (5 × 2 pts. each = 10 pts.)

	Cierto	Falso
1. Va a estar siete días en Perú.	○	○
2. Le molesta viajar.	○	○
3. Se preocupa por llevar las cosas que necesita.	○	○
4. Se despierta a las ocho.	○	○
5. Nunca come antes de un viaje.	○	○

2

Buenos días Describe what Ángel is doing, using at least five reflexive verbs. (5 × 3 pts. each = 15 pts.)

_____

_____

_____

_____

_____

_____

3

¿Qué le gusta? Write a paragraph about someone you know well. Using at least four words or expressions from each list, describe that person's habits, likes, and dislikes. (6 pts. for vocabulary + 6 pts. for grammar + 3 pts. for style and creativity = 15 pts.)

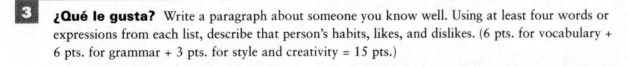

aburrir importar molestar preocuparse
fascinar interesar ponerse sentirse

algunos días en casa nervioso/a por la noche
contento/a mucho nunca siempre

_____

_____

_____

_____

_____

_____

_____

4 **Te espero** Inés and her friend Andy are preparing to go to an important meeting. Read their conversation and choose the correct option from the words provided. (5 × 2 pts. each = 10 pts.)

INÉS Tengo hambre.

ANDY Mmm. Lo siento. No hay (1) _____ (nada, ningún) para comer. Luego podemos comer (2) _____ (nunca, algo) en el restaurante al lado del Museo de Arte Contemporáneo.

INÉS Está bien. Oye, tengo que llamar a mi compañero de clase para preguntarle cuándo es el próximo examen. ¿Puedo usar el teléfono?

ANDY Lo siento. Mi compañero de cuarto (3) _____ (siempre, nunca) está hablando por teléfono con su novia. Acaba de llamarla y todavía están hablando. Puedes usarlo más tarde. ¿Puedes esperar aquí? Voy a quitarme esta camisa. Voy a ver si me puedo poner (4) _____ (alguna, ninguna) más elegante.

INÉS Bueno, puedo esperar. ¿Tienes algún libro divertido?

ANDY No, lo siento, no tengo (5) _____ (nadie, ninguno). Pero estoy listo en cinco minutos.

INÉS Bueno, aquí te espero.

5 **Preguntas** Answer these questions in complete sentences. Use the preterite of **ser** and **ir** in your answers. (5 × 3 pts. each = 15 pts.)

1. ¿Fuiste al cine el mes pasado? ¿Con quién fuiste? _____

   _____

2. ¿Cuál fue tu clase favorita el semestre pasado? _____

   _____

3. ¿Cómo fueron tus vacaciones de invierno? _____

   _____

4. ¿Adónde fuiste ayer después de las clases? _____

   _____

5. ¿Fuiste de compras la semana pasada? ¿Qué compraste? _____

   _____

Pruebas

6 **Lectura** Read this excerpt of an interview with actor Fernando León. Then, answer the questions in complete sentences. (5 × 3 pts. each = 15 pts.)

PERIODISTA Bienvenido.

FERNANDO LEÓN Muchas gracias por invitarme. Me encanta su columna de los domingos.

PERIODISTA Gracias. A todos nos interesa aprender un poco más de usted. ¿Le gusta su estilo de vida¹?

FERNANDO LEÓN No siempre. Muchas veces me molesta tener que viajar. Bueno, y también tengo que levantarme muchas veces a las cuatro o a las cinco de la mañana para llegar al plató². Ahora estoy trabajando en una nueva película: *Las bodas³ de Drácula*. Me visto en unos diez minutos, y luego tienen que maquillarme y peinarme. Trabajamos dieciocho horas seis días a la semana. Cuando llego a casa, no tengo ganas de nada. Sólo quiero quitarme la ropa, ponerme el pijama⁴ y acostarme.

PERIODISTA Y su novia, ¿qué piensa de su rutina?

FERNANDO LEÓN A mi novia tampoco le gusta mucho. Mi rutina no le gusta a nadie. Ni a mi familia, ni a mis amigos, ni a mi novia. Ella trabaja en la universidad y tiene un horario muy bueno. Pienso que en el futuro voy a tener que trabajar en otra profesión.

---

¹lifestyle   ²set   ³weddings   ⁴pajamas

1. ¿Le interesa el trabajo del periodista a Fernando León? _____

   _____

2. ¿Le gusta levantarse temprano? _____

   _____

3. ¿Cuánto tiempo necesita para ponerse la ropa? _____

   _____

4. ¿Qué hace después de llegar a casa? _____

   _____

5. ¿A quién le gusta la rutina de Fernando León? _____

7 **Tu rutina** Write a paragraph about your daily routine. Use sequencing expressions. (8 pts. for vocabulary + 8 pts. for grammar + 4 pts. for style and creativity = 20 pts.)

_____

_____

_____

_____

_____

_____

_____

_____

_____

prueba B   Lección 7

1 **Escuchar** Read these statements and listen as Iván talks about his plans for tomorrow. Then indicate whether each statement is **cierto** or **falso**. (5 × 2 pts. each = 10 pts.)

		Cierto	Falso
1.	Iván va a estar tres semanas en Panamá.	○	○
2.	A Iván le encantan los viajes largos.	○	○
3.	Jamás se duerme en el avión.	○	○
4.	Todavía necesita comprar regalos para sus amigos.	○	○
5.	Le preocupa no tener tiempo para preparar todo.	○	○

2 **¡Buenos días! ¡Buenas noches!** Look at the illustrations and write what Alicia and Jennifer do every morning and every night. Use your imagination and at least five reflexive verbs. (5 × 3 pts. each = 15 pts.)

_____

_____

_____

_____

_____

_____

3 **¿Qué le gusta?** Write a paragraph about your best friend. Using at least four words or expressions from each list, describe that person's habits, likes, and dislikes. (6 pts. for vocabulary + 6 pts. for grammar + 3 pts. for style and creativity = 15 pts.)

bañarse	encantar	faltar	lavarse	algunas mañanas	en clase	por la noche	siempre
despertarse	enojar	fascinar	quedar	dormido/a		jamás	preocupado/a	tampoco

_____

_____

_____

_____

_____

_____

Lección 7 Prueba B | **77**

4 **Carla y Ángel** Carla and her friend Ángel are studying in Ángel's apartment. Ángel's roommate is home. Read their conversation and choose the correct option from the words provided. (5 × 2 pts. each = 10 pts.)

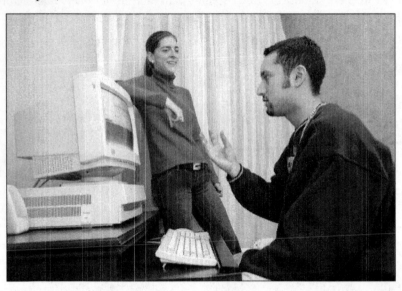

CARLA Tengo sed.

ÁNGEL Mmm. Lo siento. No hay (1) _____ (nada, ningún) para beber. Necesito ir al supermercado. Luego podemos comprar (2) _____ (nunca, algo) en la tienda.

CARLA Está bien. ¿Puedo usar el baño?

ÁNGEL Creo que mi compañero de cuarto está bañándose. (3) _____ (siempre, nunca) se baña por las tardes y (4) _____ (algunos, ningunos) días está una hora en el cuarto de baño.

CARLA Bueno, puedo esperar.

ÁNGEL Mi compañero de cuarto no tiene (5) _____ (algún, ningún) respeto. Me molesta mucho.

CARLA No te preocupes. No hay ningún problema. Seguimos estudiando. ¡Tenemos mucho que hacer!

5 **Preguntas** Answer these questions in complete sentences. Use the preterite of **ser** and **ir** in your answers. (5 × 3 pts. each = 15 pts.)

1. ¿Cuál fue tu película favorita del año pasado? _____

_____

2. De niño/a, ¿quién era tu superhéroe (*superhero*) favorito? _____

_____

3. ¿Fuiste a algún museo el mes pasado? ¿A qué museo, y con quién? _____

_____

4. ¿Adónde fuiste el fin de semana pasado? _____

_____

5. ¿Cómo fueron tus vacaciones de verano? _____

_____

6 **Lectura** Read this excerpt of an interview with Arturo Brito Ríos, a famous journalist, and then answer the questions in complete sentences. (5 × 3 pts. each = 15 pts.)

PRESENTADORA Bienvenido.
ARTURO Muchas gracias por invitarme a esta entrevista[1].
PRESENTADORA De nada. A todos nos interesa aprender un poco más sobre usted. ¿Le gusta su estilo de vida[2]?
ARTURO No siempre me gusta. Muchas veces me molesta tener que viajar. Bueno, y también tengo que levantarme muchas veces a las tres o las cuatro de la mañana para llegar al aeropuerto. Algunos días me ducho en dos minutos, me visto, y muchas veces no tengo tiempo de afeitarme. Muchos días trabajo dieciocho horas y cuando llego a casa, no tengo ganas de nada. Sólo quiero quitarme la ropa, ponerme el pijama[3] y acostarme.
PRESENTADORA Y su esposa, ¿qué piensa de su rutina?
ARTURO A mi esposa tampoco le gusta mucho. La verdad es que mi rutina no le gusta a nadie. Ni a mis amigos, ni a mis hijos, ni a mi esposa. Ella es profesora y tiene un horario muy bueno. Ahora estoy trabajando también en mi primera novela, pero me falta tiempo para escribir. Pienso que en el futuro voy a tener que trabajar en otra área. Me fascina escribir novelas y puedo trabajar en casa y estar cerca de mi familia.

---

[1]interview   [2]lifestyle   [3]pajamas

1. ¿Qué piensa Arturo Brito Ríos de su estilo de vida? _____
_____

2. ¿Qué hace al llegar a casa después de un día largo? _____
_____

3. ¿Les gusta a los hijos de Arturo Brito Ríos la rutina de su padre? _____
_____

4. ¿Qué es lo que le gusta a Arturo Brito Ríos? _____
_____

5. ¿Por qué quiere cambiar de (*change*) trabajo? _____
_____

7 **La rutina de tu amigo/a** Write a paragraph about your best friend's daily routine. Use sequencing expressions. (8 pts. for vocabulary + 8 pts. for grammar + 4 pts. for style and creativity = 20 pts.)

_____
_____
_____
_____
_____
_____
_____
_____
_____

Lección 7 Prueba B   **79**

prueba C   Lección 7

1 **Escuchar** You will hear five personal questions. Answer each one in Spanish using complete sentences. (5 × 1 pt. each = 5 pts.)

1. _____

2. _____

3. _____

4. _____

5. _____

2 **Buenos días** Describe what Lupe is doing, using at least five reflexive verbs. (5 × 2 pts. each = 10 pts.)

_____

_____

_____

_____

_____

_____

3 **¿Qué te gusta?** Using at least four words or expressions from each list, describe your own habits, likes, and dislikes. (4 pts. for vocabulary + 4 pts. for grammar + 2 pts. for style and creativity = 10 pts.)

| acordarse encantar interesar ponerse | contento/a jamás nervioso/a siempre |
| acostarse enojarse llamarse sentirse | en clase mucho por la mañana también |

_____

_____

_____

_____

_____

Lección 7 Prueba C   **81**

4 **Lectura** Read this excerpt of a conversation between two friends, Pamela and Maru. Then, answer the questions in complete sentences. (5 × 2 pts. each = 10 pts.)

MARU Pame, ¡hola! Hace mucho¹ que no te veo.
PAMELA ¡Hola! Sí, es que mi hermana y yo hicimos un viaje maravilloso de dos meses por Latinoamérica.
MARU ¡Qué interesante! Y, ¿a qué países fueron?
PAMELA Pues mira, empezamos en Ecuador; allí visitamos Quito, Ibarra y, por supuesto² fuimos a las islas Galápagos y a varias ciudades cerca de los Andes. Después fuimos a México. Allí, primero paseamos juntas³ por la Ciudad de México, luego yo fui a Acapulco, Mérida y Cancún y mi hermana fue a Monterrey, Guadalajara y Puebla.
MARU ¿Fueron a otros países?
PAMELA Sí, por último fuimos a Puerto Rico y a Cuba con sus playas espectaculares y tantos sitios⁴ históricos increíbles.
MARU ¿Qué lugar les gustó más?
PAMELA Mmmm, bueno, a mí me encantó La Habana, Cuba. Y a mi hermana... le fascinaron las islas Galápagos en Ecuador.

---

¹*It's been a while*   ²*of course*   ³*together*   ⁴*so many sites*

1. ¿Adónde fueron Pamela y su hermana de vacaciones? _____

_____

2. ¿Adónde fueron primero? _____

_____

3. En México, ¿a qué ciudades fue sola (*by herself*) Pamela? ¿Y su hermana? _____

_____

4. ¿A qué países fueron antes de terminar su viaje? _____

_____

5. ¿Cuál fue el lugar favorito de Pamela? ¿Y el de su hermana? _____

_____

5 **Su rutina** Write a paragraph about the daily routine of someone you know. Use sequencing expressions. (6 pts. for vocabulary + 6 pts. for grammar + 3 pts. for style and creativity = 15 pts.)

_____

_____

_____

_____

_____

_____

_____

_____

_____

_____

Nombre _____ Fecha _____

prueba D

Lección 7

Pruebas

1 **Escuchar** You will hear five personal questions. Answer each one in Spanish using complete sentences. (5 × 1 pt. each = 5 pts.)

1. _____

2. _____

3. _____

4. _____

5. _____

2 **¡Buenos días! ¡Buenas noches!** Look at the illustrations and describe what Tomás and Enrique do every morning and every night. Use at least five reflexive verbs. (5 × 2 pts. each = 10 pts.)

_____

_____

_____

_____

_____

_____

3 **¿Cómo es?** Using at least four words or expressions from each list, describe your best friend's habits, likes, and dislikes. (4 pts. for vocabulary + 4 pts. for grammar + 2 pts. for style and creativity = 10 pts.)

aburrir	encantar	levantarse	antes	los fines	por la noche
acostarse	faltar	preocuparse	dormido/a	de semana	siempre
despedirse	fascinar		en casa	ni... ni	tranquilo/a

_____

_____

_____

_____

Lección 7 Prueba D

4 **Lectura** Read this excerpt of a conversation between two friends, Joselo and Enrique. Then, answer the questions below. (5 × 2 pts. each = 10 pts.)

> **JOSELO** Enrique, ¡hola! Hace mucho[1] que no te veo.
> **ENRIQUE** ¡Hola! Sí, es que mi hermano y yo hicimos un viaje maravilloso de dos meses por España y Latinoamérica.
> **JOSELO** ¡Qué interesante! Y, ¿a qué países fueron?
> **ENRIQUE** Pues mira, primero fuimos a España. Allí, primero paseamos juntos[2] por Madrid, luego yo fui a Salamanca, Zaragoza y Barcelona y mi hermano fue a Ibiza, Mallorca y Menorca. Después fuimos a Puerto Rico, donde visitamos San Juan, Ponce, Arecibo y la isla de Vieques.
>
> **JOSELO** ¿Fueron a otros países?
> **ENRIQUE** Sí, por último fuimos a Perú con sus ciudades incas espectaculares en los Andes y tantas[3] historias increíbles.
> **JOSELO** ¿Y qué lugar les gustó más?
> **ENRIQUE** Mmmm, bueno, a mí me encantó Machu Picchu en los Andes del Perú. Y a mi hermano... le fascinó San Juan, en Puerto Rico.

[1]*It's been a while*   [2]*together*   [3]*so many*

1. ¿Adónde fueron Enrique y su hermano de vacaciones? _____
   _____

2. En España, ¿a qué ciudades fue solo (*by himself*) Enrique? ¿Y su hermano? _____
   _____

3. ¿Adónde fueron en Puerto Rico? _____
   _____

4. ¿A qué país fueron antes de terminar su viaje? _____
   _____

5. ¿Cuál fue el lugar favorito de Enrique? ¿Y el de su hermano? _____
   _____

5 **Su rutina** Write a paragraph about how you imagine the daily routine of your favorite actor or actress to be. Use your imagination and sequencing expressions. (6 pts. for vocabulary + 6 pts. for grammar + 3 pts. for style and creativity = 15 pts.)

_____

_____

_____

_____

_____

_____

_____

_____

_____

prueba A   Lección 8

1 **Escuchar** Read these questions and listen to what the waiter is saying about the menu. Then, choose the correct option. (5 × 2 pts. each = 10 pts.)

1. ¿A qué hora puede ser la comida?
   a. 9:00 am   b. 1:00 pm   c. 7:00 pm
2. ¿Qué sopas sirve el restaurante?
   a. salmón, espárragos y   b. salmón, espárragos y   c. pollo, espárragos y
      champiñones   camarones   champiñones
3. ¿Qué recomienda el camarero?
   a. carne de res   b. chuleta de cerdo   c. arroz con pollo
4. ¿Cuál es el plato del día?
   a. pollo asado   b. pavo asado   c. marisco asado
5. ¿Qué bebida es la especialidad del restaurante?
   a. té helado   b. jugos naturales   c. vinos

2 **Mi comida favorita** Combine words from the list to write a paragraph about the foods you like and don't like, when and where you eat them, if you frequently order those foods, etc.
(6 pts. for vocabulary + 6 pts. for grammar + 3 pts. for style and creativity = 15 pts.)

| buenísimo | más | el mejor | menos | que | riquísima | tan | tanto |

_____

_____

_____

_____

_____

_____

_____

3 **El mejor** Form complete sentences about the items using superlatives. (5 × 2 pts. each = 10 pts.)

1. El plato del día

   _____

2. Esta sopa

   _____

3. El jugo de naranja

   _____

4. El pollo asado

   _____

5. El café de Colombia

   _____

Lección 8 Prueba A | **85**

Pruebas

4 **¿Qué desea?** Complete this conversation with the correct double object pronouns.
(5 × 2 pts. each = 10 pts.)

CAMARERO Buenos días.

CLIENTE Buenos días. ¿Puede decirme el menú del día?

CAMARERO (1) _____ digo ahora mismo. Para empezar, tenemos unos entremeses
deliciosos.

CLIENTE ¿(2) _____ recomienda?

CAMARERO (3) _____ recomiendo especialmente. También le recomiendo las
chuletas de cerdo. Son buenísimas. Si quiere, (4) _____ sirvo después de
los entremeses.

CLIENTE Sí, gracias. Ah, y, por favor, ¿me puede traer pan?

CAMARERO (5) _____ traigo ahora mismo.

---

5 **Una cita (*date*)** Fill in the blanks in this paragraph with the appropriate preterite forms of the
stem-changing verbs in parentheses. (8 × 1 pt. each = 8 pts.)

Paula (1) _____ (vestirse) con prisa. Nerviosa por su cita con Federico, salió de su

casa puntualmente. Ellos fueron a un restaurante muy romántico. Federico (2) _____

(pedir) sopa y bistec, pero Paula (3) _____ (preferir) comer una ensalada y atún.

La camarera les (4) _____ (servir) la comida muy tarde. Pero ellos no se enojaron,

porque estuvieron hablando todo el tiempo. Después, fueron a pasear y (5) _____

(seguir) hablando de muchas cosas. Los dos (6) _____ (sentirse) muy bien. Ellos

(7) _____ (despedirse) a las doce de la noche, pero (8) _____

(volver) a verse pronto.

---

6 **Preguntas** Answer these questions in complete sentences. (5 × 3 pts. each = 15 pts.)

1. ¿Qué comiste ayer en el desayuno? _____

_____

2. Cuando lo necesitas, ¿a quién le pides dinero? _____

_____

3. ¿Qué cenaste ayer? _____

_____

4. ¿A qué hora te dormiste ayer? _____

_____

5. ¿Quién duerme más horas que tú? _____

_____

Pruebas

7 **Lectura** Read this article and then answer the questions. (5 × 2 pts. each = 10 pts.)

Hábitos de los estudiantes

A muchos jóvenes les interesa mucho estar bien, practicar deportes y estar delgados. Sin embargo[1], ellos normalmente no se preocupan mucho por la comida que se les ofrece en las cafeterías de la universidad. Veinte universidades del país hicieron una encuesta[2] para conocer los hábitos de los estudiantes universitarios.

En el almuerzo muchos estudiantes comen un sándwich y toman un refresco. También comen mucho entre las diferentes comidas. El consumo de verduras es bajo, y el de carnes y refrescos es muy alto. Ellos saben que comer verduras y pescados es bueno, pero no los comen.

En la encuesta, seis de cada diez estudiantes piensan que la comida en el campus universitario es muy buena, y un 77% dijo que en las cafeterías encuentran todos los tipos de comida que les gustan. Este estudio, sin embargo, muestra que las universidades tienen que enseñar a sus estudiantes a darle más importancia a los alimentos[3] buenos y necesarios para el almuerzo.

---

[1]*However*   [2]*did a survey*   [3]*foods*

1. ¿Para qué se hizo este estudio? _____

   _____

2. ¿Qué les interesa a los estudiantes? _____

   _____

3. ¿Les gusta a los estudiantes el tipo de comida que les dan en las universidades? _____

   _____

4. ¿Qué comen al mediodía? _____

   _____

5. ¿Son buenos los hábitos de los estudiantes? _____

   _____

8 **La cena** Describe what happened at this dinner. Use the preterite and direct and indirect object pronouns. (9 pts. for vocabulary + 9 pts. for grammar + 4 pts. for style and creativity = 22 pts.)

_____

_____

_____

_____

_____

_____

_____

_____

Lección 8 Prueba A | **87**

prueba B

Lección 8

1 **Escuchar** Read these questions and listen to what the waiter is saying about the menu. Then choose the correct option. (5 × 2 pts. each = 10 pts.)

1. ¿A qué hora puede ser la comida?
   a. 10:00 am   b. 1:00 pm   c. 9:00 pm

2. ¿Cuáles son los entremeses favoritos del camarero?
   a. espárragos y champiñones   b. jamón y camarones   c. jamón y champiñones

3. ¿Qué carne recomienda el dueño del restaurante?
   a. carne de res   b. chuleta de cerdo   c. pollo

4. ¿Cuál es el plato del día?
   a. pollo asado   b. pavo asado   c. salmón con patatas fritas

5. ¿Qué bebida es la especialidad del restaurante?
   a. té helado   b. jugos de frutas   c. vinos

2 **Nuestra comida favorita** Combine words from the list to write a paragraph about the foods you and your friends like and don't like, when and where you eat them, if you frequently order those foods, etc. (6 pts. for vocabulary + 6 pts. for grammar + 3 pts. for style and creativity = 15 pts.)

como	más de	menos... que	sabrosa
delicioso	la mejor	peor	tantos... como

_____

_____

_____

_____

_____

_____

3 **El mejor** Form complete sentences about the items using superlatives. (5 × 2 pts. each = 10 pts.)

1. Este camarero

   _____

2. El pollo asado

   _____

3. Este restaurante

   _____

4. El café de Costa Rica

   _____

5. El desayuno

   _____

4 **¿Qué desea?** Complete this conversation with the correct double object pronouns.
(5 × 2 pts. each = 10 pts.)

CLIENTE Hola. ¿Puede decirme qué platos principales sirven hoy?

CAMARERO Hoy tenemos una carne excelente. Pero puede ver el menú. Ahora mismo
(1) _____ traigo.

CLIENTE ¿Qué me recomienda usted?

CAMARERO El plato del día es muy bueno. Yo (2) _____ recomiendo. De primer
plato hay sopa de marisco y las sopas son la especialidad de la casa.

CLIENTE Gracias. Voy a empezar con la sopa. ¿(3) _____ puede traer ahora? Tengo
muchísima hambre.

CAMARERO Ahora mismo (4) _____ traigo.

CLIENTE Me gusta mucho la carne de res, ¿(5) _____ puede servir con papas fritas?

CAMARERO Claro que sí.

5 **Una ocasión especial** Fill in the blanks in this paragraph with the appropriate preterite forms of
the stem-changing verbs in parentheses. (7 × 1 pt. each = 7 pts.)

Ayer mi familia y yo (1) _____ (vestirse) muy elegantes para una ocasión muy

especial: el cumpleaños (*birthday*) de mi abuela. Ella (2) _____ (preferir) ir a un

restaurante, y después ir a ver una película. Mi hermano (3) _____ (conseguir)

boletos (*tickets*) para las ocho de la noche. En el restaurante todos (nosotros)

(4) _____ (pedir) el plato del día. La comida estuvo (*was*) riquísima, pero el

camarero nos la (5) _____ (servir) muy tarde y nosotros no pudimos llegar a

tiempo al cine. Pero no nos enojamos, porque estuvimos (*we were*) hablando todo el tiempo.

Nosotros (6) _____ (sentirse) muy bien hablando con mi abuela. Nosotros

(7) _____ (volver) a casa a las doce de la noche.

6 **Preguntas** Answer the questions in complete sentences. (5 × 3 pts. each = 15 pts.)

1. ¿Qué almorzaste ayer? _____

_____

2. ¿Quién te ayuda con la tarea? _____

_____

3. ¿Cuál fue la clase más interesante que tomaste el año pasado? _____

_____

4. ¿Cuántas horas dormiste ayer? _____

_____

5. ¿Conoces a alguna persona famosa? _____

_____

7   **Lectura**   Read the letter from Clara to Eduardo and answer the questions. (5 × 2 pts. each = 10 pts.)

Hola Eduardo,

¡Qué bien me lo pasé el verano con mis papás en España! Visitamos, vimos, conocimos, conversamos, paseamos, tomamos cientos de fotos, pero sobre todo¹, ¡¡comimos!! ¡Qué comida tan buena! Y lo más interesante es que, en un país tan pequeño, varía mucho de región a región. Por eso lo probamos todo.

Comimos ensaladas, sopas, la famosa paella, todo tipo de pescados y mariscos..., y todo preparado de una manera muy simple, con ajo, perejil² y aceite de oliva³. Por eso todo tenía un sabor muy natural y auténtico. El aceite de oliva fue lo más nuevo e interesante. Los españoles lo usan para todo.

¿Y de postre? Los dulces son muy variados, muy ricos y, no tan "dulces", por eso, no tienes que preocuparte,... comí mucho, sí, pero llevo la misma ropa de siempre, la que a ti te gusta.

¿Y las tapas? ¡Qué buena idea! Son pequeñísimos platos preparados con una gran variedad de ingredientes. Comer tapas es una excelente oportunidad para conocer gente y conversar. Este verano vamos tú y yo. A ti también te va a encantar.

Clara

¹above all   ²parsley   ³olive oil

1. ¿Por qué le escribe Clara esta carta a Eduardo? _____
_____

2. ¿Qué es lo que más le gustó a Clara de su viaje a España? _____
_____

3. Según Clara, ¿por qué la comida española es muy natural y auténtica? _____
_____

4. ¿Qué piensa Clara de las tapas? _____
_____

5. ¿Qué relación crees que existe entre Clara y Eduardo y por qué lo crees (*believe that*)? _____
_____

8   **En el restaurante**   Describe what happened at this dinner. Use the preterite and direct and indirect object pronouns. (9 pts. for vocabulary + 9 pts. for grammar + 5 pts. for style and creativity = 23 pts.)

_____
_____
_____
_____
_____
_____
_____
_____
_____
_____

   Lección 8 Prueba B

prueba C

Lección 8

1 **Escuchar** You will hear five personal questions. Answer each one in Spanish using complete sentences. (5 × 2 pts. each = 10 pts.)

1. _____

2. _____

3. _____

4. _____

5. _____

2 **Buen provecho (*Bon appétit*)** Imagine that you are a food critic with a worldwide knowledge of food. Combine at least six words from the list to write a paragraph about the foods you like and don't like, when and where you eat them, which restaurants you prefer, etc. (6 pts. for vocabulary + 6 pts. for grammar + 3 pts. for style and creativity = 15 pts.)

buenísimo	más	menos	recomendar	tan
escoger	el mejor	el peor	riquísima	tanto

_____

_____

_____

_____

_____

_____

_____

_____

Lección 8 Prueba C   **93**

3 **Lectura** Read this article and then answer the questions. (5 × 2 pts. each = 10 pts.)

¿Qué comen los estudiantes?

Se hizo una encuesta[1] para saber cómo comen los estudiantes universitarios. Hay que mencionar que hay una gran diferencia entre lo que comen los días que tienen que ir a clase y los fines de semana.

Durante la semana de trabajo, la encuesta muestra que muchos estudiantes toman el almuerzo caminando de un lugar a otro, gastando sólo quince minutos de su tiempo. No tienen suficiente tiempo para comer y con demasiada frecuencia comen lo mismo. En el almuerzo muchos estudiantes comen sándwiches y toman refrescos. Los días de trabajo también consumen muchos alimentos[2] y bebidas entre comidas. Otra cosa interesante es que muchos piensan que la comida que les venden en las cafeterías es buena para lo que necesitan. Pero en realidad la encuesta, nos explica que las comidas de las cafeterías no son muy buenas. En su tiempo libre, sin embargo[3], les gusta probar comidas nuevas, muchas veces de otros países. También pasan más tiempo comiendo y socializando al mismo tiempo.

---

[1]A survey was done   [2]foods   [3]however

1. ¿Por qué hicieron (*did they do*) esta encuesta? _____

_____

2. ¿Cómo almuerzan los estudiantes los días de trabajo? _____

_____

3. ¿Qué almuerzan durante la semana? _____

_____

4. ¿Qué piensan de la comida de las cafeterías? _____

_____

5. ¿Qué cambia (*changes*) los fines de semana? _____

_____

4 **La cena** Using your imagination, describe what happened at this dinner. Use direct and indirect object pronouns, and the preterite of at least four verbs from the list. (6 pts. for vocabulary + 6 pts. for grammar + 3 pts. for style and creativity = 15 pts.)

pedir	repetir	seguir	sentirse	servir	vestirse

_____

_____

_____

_____

_____

_____

_____

_____

_____

prueba D   **Lección 8**

1   **Escuchar** You will hear five personal questions. Answer each one in Spanish using complete sentences. (5 × 2 pts. each = 10 pts.)

     1. _____

     2. _____

     3. _____

     4. _____

     5. _____

2   **Sabor latino** Imagine that you are a famous chef who has traveled to various South American countries. You have to write an article about your personal experiences. Combine at least six words from the list to write a paragraph about the foods you liked and did not like, when and where you ate them, if you frequently cook those foods, etc. (6 pts. for vocabulary + 6 pts. for grammar + 3 pts. for style and creativity = 15 pts.)

buenísimo	malísimo	el más... de	menos	recomendar
escoger	el más sabroso	el mayor	peor	tan... como

_____

_____

_____

_____

_____

_____

_____

_____

_____

_____

Pruebas

3 **Lectura** Read this article and answer the questions in complete sentences. (5 × 2 pts. each = 10 pts.)

¿Cómo comen los norteamericanos?

Los norteamericanos toman poco tiempo para almorzar y comen poco. En mi país, el almuerzo es la comida principal del día. Los españoles, por lo general, tomamos dos o tres horas para comer y descansar.

Elisa Eiroa, España

El horario de las comidas es muy diferente. Los norteamericanos cenan muy temprano, a las 5 o las 6 de la tarde, y después no comen nada más antes de acostarse. La cena es su comida principal. En México, almorzamos a las 2 o las 3 y cenamos a las 8 o las 9 de la noche. La cena, por lo general, es más pequeña.

Daniel Castillo, México

En los restaurantes de los países hispanos, la idea de la comida para llevar[1] es algo extraño[2]. En mi país, nos gusta sentarnos y comer el almuerzo sin prisa. Nadie lleva la comida a la oficina. Nos gusta descansar un poco antes de regresar al trabajo. Tampoco llevamos a casa la comida que no podemos terminar en el restaurante; siempre se queda en el plato.

Rebeca Guardia, Panamá

---

[1]*food to go* [2]*strange*

1. ¿Cuál es una de las diferencias entre el almuerzo español y el norteamericano? _____
_____

2. ¿Qué hacen los españoles a la hora de almorzar? _____
_____

3. ¿Cuál es la comida principal para los mexicanos? _____
_____

4. ¿Por qué dice Rebeca que no es popular la comida para llevar en Panamá? _____
_____

5. ¿Qué hacen con la comida que no pueden terminar en un restaurante? _____
_____

4 **Un almuerzo** Samuel and his co-workers went out for lunch. Describe what happened, using direct and indirect object pronouns and the preterite forms of at least four verbs from the list.
(6 pts. for vocabulary + 6 pts. for grammar + 3 pts. for style and creativity = 15 pts.)

conseguir	despedirse	pedir	preferir	seguir	servir

_____
_____
_____
_____
_____
_____
_____

prueba A

Lección 9

1 **Escuchar** Read these statements and multiple choice options. Then, listen to the message that Yolanda is leaving on Ana's answering machine and indicate the correct option. (5 × 2 pts. each = 10 pts.)

1. Yolanda llama a Ana para...
   a. darle las gracias.   b. preparar la fiesta.   c. felicitarla por su cumpleaños.
2. Yolanda está en su...
   a. vejez.   b. juventud.   c. madurez.
3. Yolanda cree que el restaurante colombiano...
   a. es excelente.   b. está lejos.   c. es el peor.
4. De postre, sirvieron...
   a. helado.   b. pan.   c. flan.
5. Ricardo y Ana...
   a. pasearon por la ciudad. b. no se conocieron.   c. bailaron mucho.

2 **¡Fiesta!** Look at the illustration and, using the questions as a guide, describe the celebration using vocabulary from this lesson and your imagination. Write at least five sentences. (6 pts. for vocabulary + 6 pts. for grammar + 3 pts. for style and creativity = 15 pts.)

- ¿Qué tipo de fiesta es? ¿Para quién es?
- ¿Qué platos van a comer? ¿Qué beben?
- ¿Qué están haciendo los diferentes invitados?

_____

_____

_____

_____

_____

_____

_____

_____

_____

_____

_____

_____

_____

_____

3 **La fiesta sorpresa** Complete the conversation with the appropriate words from the list. Use the verbs in present or in preterite, depending on the context. You may use some options more than once. (10 × 2 pts. each = 20 pts.)

conocer	cuál	poder	qué	querer	saber

RICARDO ¿(1) _____ quieres tomar?

ANA Nada, gracias. Estoy muy contenta con la fiesta sorpresa para Yolanda. ¿(2) _____ día es su cumpleaños?

RICARDO Es el martes. El año pasado, ella (3) _____ celebrarlo, pero se enfermó y no (4) _____ hacerlo.

ANA Yo, este año, (5) _____ regalarle un disco. ¿(6) _____ cuál es su grupo favorito?

RICARDO Pues no. Ayer le pregunté por su música favorita y no la (7) _____ oír. Cuando me iba a (*was going to*) contestar, la llamó por teléfono Susana.

ANA No (8) _____ a Susana. ¿Quién es?

RICARDO Es una amiga de Yolanda muy divertida. La (9) _____ el semestre pasado, en la fiesta de Yolanda a la que tú no (10) _____ ir, porque tenías (*you had*) un examen.

4 **La boda** Yolanda is writing about how Ana and Ricardo, deeply in love, got married last week. Complete this paragraph with the correct preterite forms of the verbs in parentheses. (10 × 2 pts. each = 20 pts.)

Ana y mi primo Ricardo (1) _____ (*to get married*) el sábado pasado. Ellos

(2) _____ (*to get engaged*) hace un mes y este fin de semana

(3) _____ (*to celebrate*) su boda en el restaurante más bonito de Valparaíso.

Susana y yo estuvimos en la celebración. Mis padres no (4) _____ (*to be*

able to) venir, pero me (5) _____ (*to give*) un regalo para ellos. Yo

(6) _____ (*to drive*) el carro de los novios hasta el restaurante. Ana

(7) _____ (*to become*) muy nerviosa pero al fin (8) _____

(*to say*) "SÍ". Durante la fiesta, empezó a llover, y los novios (9) _____ (*to*

have) que cancelar el baile (*dance*) al aire libre. Después, el padre del novio

(10) _____ (*to bring*) un champán muy bueno para brindar por la pareja.

Todos lo pasamos muy bien. ¡Vivan los novios!

5 **Lectura** Read these society notes from a Spanish language newspaper and answer the questions with complete sentences. (5 × 3 pts. each = 15 pts.)

Boda de Alejandro y Lucía	**Quinceañera de Antonia Llanos**
El día sábado 30 de octubre, a las seis de la tarde, Alejandro Gómez y Lucía Tudela se casaron en la iglesia de San Juan. La ceremonia fue oficiada[1] por el pastor Roberto Marín. Después de la ceremonia, los padres de los recién casados invitaron a todos los amigos de la familia a una fiesta en el restaurante Monti.	El 17 de marzo, Antonia Llanos, hija de Enrique Llanos y María Martín de Llanos, celebró su quinceañera. Después de la ceremonia, todos los amigos de la familia asistieron a una cena en el restaurante El Pardo, donde comieron, bailaron y se divirtieron. El hermano de Antonia, Miguel Ángel Llanos, que vive en Roma, también asistió a la fiesta con su esposa Carmen.

[1]*was officiated*

1. ¿Qué hicieron Alejandro y Lucía el 30 de octubre? _____

_____

2. ¿Qué hicieron después de salir de la iglesia? _____

_____

3. ¿Quiénes fueron a la fiesta? _____

_____

4. ¿Cómo celebraron la quinceañera de Antonia Llanos? _____

_____

5. ¿Qué relación tienen Miguel Ángel y Carmen? _____

_____

6 **Una fiesta** Using the preterite, write a paragraph about a party that you recently attended. Use at least four verbs from the list. Use at least two pronouns after prepositions. (8 pts. for vocabulary + 8 pts. for grammar + 4 pts. for style and creativity = 20 pts.)

conducir	enamorarse	llevarse bien/mal	pasarlo bien/mal	poner	saber

_____

_____

_____

_____

_____

_____

_____

_____

_____

Pruebas

prueba B

Lección 9

1 **Escuchar** Read these statements and multiple choice options. Then, listen to the message that Rúper is leaving on Paco's answering machine and indicate the correct option. (5 × 2 pts. each = 10 pts.)

1. Rúper llama a Paco para...
   a. darle las gracias.
   b. preparar la fiesta.
   c. invitarlo a su fiesta.

2. Rúper...
   a. cumplió 21 años.
   b. se casó.
   c. se graduó.

3. Rúper habla de un restaurante argentino porque...
   a. es de Paco.
   b. no es muy bueno.
   c. Paco lo recomendó.

4. El regalo sorpresa es...
   a. una computadora.
   b. una moto.
   c. un carro.

5. Paco y Noemí...
   a. hablaron mucho.
   b. no se conocieron.
   c. pasearon por la ciudad.

2 **¡Fiesta!** Look at the illustration and describe what is happening, using the questions as a guide. Use vocabulary from this lesson and your imagination. Write at least five sentences. (6 pts. for vocabulary + 6 pts. for grammar + 3 pts. for style and creativity = 15 pts.)

- ¿Qué tipo de fiesta es? ¿Qué celebran?
- ¿Qué están comiendo? ¿Qué beben?
- ¿Qué están haciendo los diferentes invitados?

_____

_____

_____

_____

_____

_____

_____

_____

_____

_____

_____

_____

_____

_____

_____

_____

3 **La fiesta sorpresa** Complete this dialogue with the appropriate words from the list. Use the verbs in present or in preterite, depending on the context. You may use some options more than once. (10 × 2 pts. each = 20 pts.)

conocer	poder	querer
cuál	qué	saber

ALFONSO Hola, hermanita. ¿(1) _____ quieres tomar?

PILAR Un té, por favor. ¿Sabes? Estoy muy contenta con la fiesta sorpresa de aniversario para papá y mamá. Sabes cuándo es, ¿verdad? A ver, ¿(2) _____ día es?

ALFONSO Pues, sí. Es el viernes.

PILAR ¡Muy bien, Alfonso! ¿Te acuerdas que el año pasado nosotros planeamos (*planned*) una fiesta pero no la (3) _____ celebrar? Cuando papá (4) _____ que la abuela estaba (*was*) en el hospital no (5) _____ celebrar una fiesta.

ALFONSO Sí, pero este año la abuela está muy bien y va a bailar toda la noche. ¿Y (6) _____ es el menú para la fiesta?

PILAR Los platos favoritos de los dos. Y Antonio Suárez les va a hacer su pastel favorito.

ALFONSO ¿Y (7) _____ es su pastel favorito?

PILAR El pastel de chocolate.

ALFONSO ¿Y quién es Antonio Suárez? No lo (8) _____.

PILAR Es el dueño del restaurante favorito de mamá. Yo lo (9) _____ el mes pasado y es un hombre muy simpático. Alfonso, parece que no (10) _____ muchas cosas sobre papá y mamá. ¿Cuándo fue la última vez que hablaste con ellos?

4 **La graduación** Complete this paragraph with the correct preterite forms of the verbs in parentheses. (10 × 2 pts. each = 20 pts.)

El sábado pasado yo (1) _____ (*to be*) en la fiesta de graduación de Isabel,

mi mejor amiga. Ella (2) _____ (*to want*) celebrarlo al aire libre con su

familia y todos sus amigos. (3) _____ (*There was*) mucha comida muy buena.

Isabel (4) _____ (*to become*) muy contenta cuando Tito, su novio, le

(5) _____ (*to give*) una sorpresa: un viaje a San Francisco para celebrarlo.

Yo también le (6) _____ (*to bring*) un regalo y le gustó mucho. En la fiesta, el

padre de Isabel (7) _____ (*to say*) unas palabras y todos

(8) _____ (*to laugh*) porque él es muy simpático. Todos

(9) _____ (*to have fun*). Pero, qué lástima (*a shame*) cuando empezó a llover

y todos nosotros (10) _____ (*to have*) que entrar (*go in*) a la casa. Por suerte

(*luckily*), tienen una casa muy grande.

5 **Lectura** Read these society notes from a Spanish language newspaper and answer the questions with complete sentences. (5 × 3 pts. each = 15 pts.)

Aniversario de César Antón y Estela Parada de Antón

César Antón y Estela Parada celebraron su 25° aniversario de bodas el día sábado 6 de marzo, a las siete de la tarde, con una cena en el elegante restaurante San Marcos. Sus hijos, María Luisa, Francisco y Sofía, invitaron a toda la familia y amigos de la pareja y los sorprendieron con una fiesta con cincuenta invitados. Después, todos los invitados fueron a la Sala Conde Luna, donde bailaron felices hasta muy tarde.

Bautizo[1] de María Esmeralda Cárdenas Obregón

Ayer, Justo Cárdenas y Liliana Obregón de Cárdenas celebraron el bautizo de su hija, María Esmeralda. La ceremonia fue en la catedral[2] de Santa María. Entre los invitados estuvieron los padres de Liliana, Raimundo y Esmeralda Obregón. Después de la ceremonia, los familiares y amigos fueron al restaurante La Codorniz de Oro. La dueña del restaurante, Elena Cárdenas, preparó una comida maravillosa para celebrar el bautizo de su primera sobrina.

[1]Baptism   [2]cathedral

1. ¿Qué hicieron los hijos de César y Estela el 6 de marzo? _____
   _____

2. ¿Qué hicieron todos después de la cena? _____
   _____

3. ¿Dónde fue el bautizo de María Esmeralda? _____
   _____

4. ¿Quién es doña Esmeralda? _____
   _____

5. ¿Qué relación tiene Elena Cárdenas con María Esmeralda? _____
   _____

6 **Los cumpleaños** Using the preterite, write a paragraph about a birthday celebration that you recently attended. Use at least four verbs from the list and at least two pronouns after prepositions. (8 pts. for vocabulary + 8 pts. for grammar + 4 pts. for style and creativity = 20 pts.)

cambiar	divertirse	llevarse bien/mal	salir con	sonreír	tener una cita

_____
_____
_____
_____
_____
_____

prueba C   Lección 9

1 **Escuchar** You will hear five personal questions. Answer each one in Spanish using complete sentences. (5 × 2 pts. each = 10 pts.)

1. _____
2. _____
3. _____
4. _____
5. _____

2 **¡A divertirse!** Look at the illustration and, using the questions as a guide, describe the celebration. Use vocabulary from this lesson and your imagination. Write at least five sentences. (6 pts. for vocabulary + 6 pts. for grammar + 3 pts. for style and creativity = 15 pts.)

- ¿Qué tipo de fiesta es? ¿Para quién es?
- ¿Qué platos van a comer? ¿Y qué beben?
- ¿Qué van a hacer los diferentes invitados?

_____

_____

_____

_____

_____

_____

_____

_____

_____

_____

_____

_____

_____

_____

_____

_____

_____

Lección 9 Prueba C **105**

Pruebas

3   **Lectura** Read these society notes from a Spanish-language newspaper and answer the questions in complete sentences. (5 × 2 pts. each = 10 pts.)

Nacimiento de Alberto Araneda Ochoa	Cena benéfica[1]
El día domingo 8 de julio nació Alberto Araneda en el hospital de San Telmo. Es hijo de José Luis Araneda y de Luisa Ochoa. Los padres del niño quieren compartir la alegría de su nacimiento y van a celebrarlo el día domingo 31 de julio en el restaurante Soler. En la fiesta se va a brindar por la felicidad de la familia Araneda Ochoa.	El viernes pasado, se celebró en la Sala Milenio una cena benéfica para la educación pública. Fueron muchos los periodistas y profesores que asistieron al evento. Todos se divirtieron gracias a la excelente Ángeles Rueda, que organizó todo a la perfección. Entre los famosos que fueron a la cena, pudimos ver a Amalia Rodríguez que, para sorpresa de todos, fue con su ex marido, Manuel Flores.

[1]*charity*

1. ¿En qué etapa de la vida está Alberto Araneda? _____

_____

2. ¿Por qué celebran la fiesta los padres de Alberto? _____

_____

3. ¿Quiénes fueron invitados a la cena en la Sala Milenio? _____

_____

4. ¿Cómo lo pasaron los invitados a la Sala Milenio? _____

_____

5. ¿Cuál es el estado civil de Amalia Rodríguez? _____

_____

4   **Una fiesta** Using the preterite, write a paragraph about a party that you recently attended. Use at least four verbs from the list. Use at least two pronouns after prepositions. (6 pts. for vocabulary + 6 pts. for grammar + 3 pts. for style and creativity = 15 pts.)

conducir	poder	querer	saber	tener	venir

_____

_____

_____

_____

_____

_____

_____

_____

_____

prueba D   Lección 9

1   **Escuchar** You will hear five personal questions. Answer each one in Spanish using complete sentences. (5 × 2 pts. each = 10 pts.)

1. _____
2. _____
3. _____
4. _____
5. _____

2   **¡A divertirse!** Look at the illustration and describe what's happening, using the questions as a guide. Use vocabulary from this lesson and your imagination. Write at least five sentences. (6 pts. for vocabulary + 6 pts. for grammar + 3 pts. for style and creativity = 15 pts.)

- ¿Qué celebran los invitados? ¿Dónde están?
- ¿Qué platos van a comer? ¿Qué beben?
- ¿Qué hacen los diferentes invitados?

_____
_____
_____
_____
_____
_____
_____
_____
_____
_____
_____
_____
_____
_____
_____
_____
_____

Pruebas

3 **Lectura** Read these society notes from a Spanish-language newspaper and answer the questions in complete sentences. (5 × 2 pts. each = 10 pts.)

Matrimonio de Javier y Noemí

El pasado sábado 10 de octubre Javier González y Noemí del Pozo celebraron su boda en la Iglesia de San Andrés. A la ceremonia asistieron la familia y los amigos de la pareja, incluídos[1] Iván y Susana, los dos hijos de Javier que tuvo en su primer matrimonio. Marta, la primera esposa de Javier, también asistió. La celebración siguió en el restaurante Palacio con una comida para los cien invitados.

Doña Matilde Sánchez de Higuera cumplió noventa y un años

La familia de doña Matilde Sánchez de Higuera organizó una fiesta sorpresa para celebrar su cumpleaños. Asistieron a la fiesta los hijos y nietos de doña Matilde, entre otros familiares y amigos. La fiesta fue el pasado domingo. Nieves Higuera, la hija menor de doña Matilde, habló sobre la interesante y larga vida de su madre y recordó la vida de su padre, quien murió cuando Matilde tenía ochenta y tres años.

[1]*including*

1. ¿Es la primera vez que se casa Javier? _____

_____

2. ¿Quiénes son Iván, Susana y Marta? _____

_____

3. ¿En qué etapa de la vida está doña Matilde Sánchez? _____

_____

4. ¿Qué hizo la familia Higuera Sánchez? _____

_____

5. ¿Qué hizo Nieves? _____

_____

4 **Los cumpleaños** Using the preterite, write a paragraph about a birthday party that you recently attended. Use at least five verbs from the list and at least two pronouns after prepositions. (6 pts. for vocabulary + 6 pts. for grammar + 3 pts. for style and creativity = 15 pts.)

estar   poder   querer   saber   tener   traer

_____

_____

_____

_____

_____

_____

_____

_____

_____

examen A

1 **Escuchar** Francisco and Irene are thinking of going to Puerto Rico on vacation. Julio, their friend, is explaining to them what he did when he was there. Listen to his description, and then indicate whether these statements are **cierto** or **falso.** (5 × 2 pts. each = 10 pts.)

	Cierto	Falso
1. Julio es soltero.	○	○
2. Se divirtió en Puerto Rico.	○	○
3. Fue a Puerto Rico para ir de compras.	○	○
4. Le fascinaron todos los postres.	○	○
5. Prefiere la playa Ocean Park.	○	○

2 **Los planes** Irene and Francisco have decided to go visit some family in Ponce. They have gotten together to discuss what they are going to do. Describe their plans for what they will do, using at least six words from the list. (4 pts. for vocabulary + 4 pts. for grammar + 2 pts. for style and creativity = 10 pts.)

caro/a	divertirse	pasaje	regalo	ropa
dinero	maleta	rebaja	relajarse	salir

_____

_____

_____

_____

_____

_____

_____

_____

_____

_____

_____

Exámenes

3 **Rutina** Look at the illustrations. Put them in order and then describe what Carolina is doing before going to work. Use the present progressive. (4 × 2 pts. each = 8 pts.)

_____

_____

_____

_____

_____

_____

_____

_____

4 **Hola** Carolina, on her way to work, runs into her friend Mauricio whom she hasn't seen for quite some time. Fill in the blanks in this conversation with the appropriate forms of **ser** or **estar**. (10 × 1 pt. each = 10 pts.)

MAURICIO Hola, Carolina. ¿Cómo (1) _____? ¡Te veo muy bien!

CAROLINA Hola, hombre. Pues yo (2) _____ muy bien. ¿Y tú? Parece que

(3) _____ un poco más delgado.

MAURICIO Sí, hace unos meses que empecé a ir al gimnasio. Bueno, pero hablemos de otras cosas.

Me dijeron que tienes novio. ¿Quién (4) _____? ¿Lo conozco?

CAROLINA No, no lo conoces. Se llama Raúl. Él (5) _____ de México y ahora

(6) _____ aquí estudiando en la universidad. Y tú, ¿qué haces ahora?

MAURICIO Ya ves, (7) _____ profesor de matemáticas. Me gusta porque sólo trabajo

por las mañanas. Oye, y ¿sabes algo de Irene y Francisco? (8) _____ muy

simpáticos pero hace mucho (*it's been a while*) que no los veo.

CAROLINA Ellos (9) _____ ahora de vacaciones por Puerto Rico. Yo los veo a

menudo. La oficina de Francisco (10) _____ al lado de la mía (*mine*).

MAURICIO Quiero verlos. A ver si salimos con ellos pronto.

5 **De compras** Francisco and Irene are shopping in Puerto Rico. Change the underlined elements to direct object pronouns and the indirect objects to indirect object pronouns. (5 × 1 pt. each = 5 pts.)

> *modelo*
>
> Puedes darle <u>la maleta</u> al botones.
>
> *Se la puedes dar.*

FRANCISCO Puedes comprarle <u>un reloj</u> a tu hermana.

IRENE No, no (1) _____ _____ puedo comprar. No tengo dinero.

FRANCISCO Le puedes pedir <u>dinero</u> a tu primo.

IRENE No, no (2) _____ _____ quiero pedir.

FRANCISCO Mira, camisetas. Tú y yo debemos regalarle <u>una camiseta</u> a Sonia.

IRENE Sí, (3) _____ _____ debemos regalar. Fue muy simpática con nosotros.

FRANCISCO Yo también le quiero dar <u>las gracias</u> a tus tíos.

IRENE Sí, fueron muy amables. (4) _____ _____ tenemos que dar.

FRANCISCO Oye, quiero comprar <u>estos discos</u> para mí.

IRENE Qué coincidencia, yo también (5) _____ _____ quiero comprar.

6 **La cena** Fill in the blanks with the preterite forms of the verbs. (7 × 1 pt. each = 7 pts.)

Irene y Francisco salieron ayer por la noche. Ellos dos (1) _____ (vestirse)

elegantemente (*elegantly*) y fueron a un restaurante muy bueno. Francisco (2) _____

(pedir) mucha comida, pero Irene (3) _____ (preferir) comer poco. El camarero les

(4) _____ (servir) la comida muy rápidamente. Ellos dos hablaron mucho durante la

cena. Después, (5) _____ (despedirse) en la puerta del restaurante. Francisco,

nervioso, no (6) _____ (dormir) nada porque se dio cuenta de (*realized*) que

(7) _____ (perder) la cartera en el restaurante.

7 **Tu opinión** Pick one of your favorite cities and describe why you like it so much and what you like to do there. Make sure your response answers these questions. (4 pts. for vocabulary + 4 pts. for grammar + 2 pts. for style and creativity = 10 pts.)

- ¿Qué es lo que más te gusta de la ciudad? ¿Qué es lo que menos te gusta?
- ¿Vive algún familiar tuyo (*relative of yours*) allí?
- ¿Qué hiciste la última vez que estuviste allí?
- ¿Cuál es tu restaurante favorito de la ciudad? ¿Cuál es el plato que más te gusta del restaurante?

_____

_____

_____

_____

_____

_____

_____

Exámenes

8 **Qué precios** Look at this advertisement for clothing and answer the questions. Write out the words for the numbers. (4 × 2 pts. each = 8 pts.)

El Palacio de la GANGA

¡Donde la rebaja es la reina! ¡Aproveche nuestras ofertas!
Abierto de lunes a viernes de 10 a 21 horas • sábado de 12 a 20 horas

Aceptamos todas las tarjetas de crédito.

Suéter de algodón para mujeres/todas las tallas Rebajados de 3.450,00 PESOS A SÓLO 2.760,00 PESOS

Pantalones formales para caballeros/colores gris, negro y azul con el 30% de rebaja, de 5.200,00 PESOS A SÓLO 3.640,00 PESOS

Faldas largas para mujeres/colores café, morado, azul y gris rebajadas de 2.468,00 PESOS A SÓLO 1.974,00 PESOS

Baratos **trajes de baño** para hombres en amarillo, blanco, azul, verde y morado Con rebaja del 40%, de 1.384,00 PESOS A SÓLO 830,40 PESOS

Hermosas **blusas** de seda para damas/tallas mediana y grande Rebajadas de 2.030,00 PESOS al increíble precio de 1.450,00 PESOS

Elegantes **chaquetas** para caballeros/colores café, negro, azul y verde con rebaja del 25%, de 5.370,00 PESOS A SÓLO 4.027,50 PESOS

Nuevo **modelo de botas** Para mujeres Números 35 a 38 Rebajadas de 3.370,00 PESOS A SÓLO 2.596,00 PESOS

Zapatos de tenis Para hombres Números 40 a 45 rebajados de 2.976,00 PESOS A SÓLO 2.315,00 PESOS

1. ¿Cuánto cuestan los zapatos de tenis? _____

_____

2. ¿Cuánto cuestan las blusas de seda? _____

_____

3. ¿A qué hora cierran la tienda? _____

_____

4. ¿Qué números de botas tiene la tienda? _____

9   **Preguntas** Answer these questions in Spanish. Use complete sentences. (5 × 2 pts. each = 10 pts.)

1. ¿Qué vas a hacer estas vacaciones? _____

_____

2. ¿Qué hiciste anoche? _____

_____

3. ¿A qué hora te fuiste ayer a tu casa? _____

_____

4. ¿Conduces para venir a clase? _____

_____

5. ¿Qué materias te interesan más? _____

_____

10   **Lectura** Read this gossip column from a Spanish magazine. Then answer the questions in complete sentences. (5 × 2 pts. each = 10 pts.)

Rumores

Francisco Ruiz y Verónica Cortés celebraron ayer su fiesta de aniversario de bodas. Esta famosa pareja se conoció en la fiesta de Fin de Año del año 2000 en Cancún. Francisco y Verónica se comprometieron cuatro meses más tarde, en abril de 2001. Poco tiempo después se casaron. La fiesta de ayer, sólo para la familia, fue en el restaurante Olivas. La comida, como siempre en ese restaurante, estuvo sabrosísima. De postre sirvieron pastel de frutas y champán. Después de la cena todos los invitados brindaron por la felicidad de la joven pareja. Fueron a la fiesta casi todos los miembros de las dos familias, menos Carmen, la hermana del feliz esposo, que no pudo asistir. Ayer, durante la fiesta, supimos que Carmen está disfrutando de¹ unas largas vacaciones por el Caribe. ¿Quién sabe? Quizás Carmen quiere olvidar a Pablo, su ex novio. Alguien me dijo que se está divirtiendo con un nuevo amigo.

¹*enjoying*

1. ¿Cuál es el estado civil de Verónica Cortés? _____

_____

2. ¿Cuándo decidieron casarse Francisco y Verónica? _____

_____

3. ¿Quiénes fueron invitados a la fiesta? _____

_____

4. ¿Le gustó la comida al/a la periodista? _____

_____

5. ¿Por qué no fue Carmen a la fiesta? _____

_____

Exámenes

11   **Escribir** Write a paragraph of at least five sentences about what you did last weekend. Be sure to use the preterite tense and appropriate vocabulary words. (5 pts. for vocabulary + 5 pts. for grammar + 2 pts. for style and creativity = 12 pts.)

_____

_____

_____

_____

_____

_____

_____

_____

_____

_____

_____

_____

_____

_____

_____

_____

_____

_____

_____

_____

_____

_____

_____

Exámenes

examen B   Lecciones 1–9

1   **Escuchar** Pedro and Concepción are thinking of going to Puerto Rico on vacation. Magdalena, their friend, is explaining to them what she did when she was there. Listen to her description, and then indicate whether these statements are **cierto** or **falso.** (5 × 2 pts. each = 10 pts.)

	Cierto	Falso
1. Magdalena fue a Puerto Rico tres veces.	○	○
2. Ella nunca visitó ningún museo.	○	○
3. Se divirtió más en el primer viaje.	○	○
4. A Magdalena le fascina ir de compras.	○	○
5. Les recomienda un restaurante en el Viejo San Juan.	○	○

2   **Los planes** Pedro and Concepción have decided to go visit some family in San Juan. They have gotten together to discuss what they are going to do. Describe their plans for what they will do, using at least six words from the list. (4 pts. for vocabulary + 4 pts. for grammar + 2 pts. for style and creativity = 10 pts.)

barato/a	descansar	gastar	llegar	probar
cambiar	equipaje	juntos	pasaporte	riquísimo/a

_____

_____

_____

_____

_____

_____

_____

_____

_____

_____

Exámenes

3 **Rutina** Look at the images. Put them in order and describe what Magdalena is doing on a typical morning. Use the present progressive. (4 × 2 pts. each = 8 pts.)

_____

_____

_____

_____

_____

_____

_____

4 **Hola** Concepción, on her way to work, runs into her friend Alfredo, whom she hasn't seen for quite some time. Fill in the blanks in this conversation with the appropriate forms of **ser** or **estar**. (10 × 1 pt. each = 10 pts.)

ALFREDO Hola, Concepción. ¿Cómo (1) _____? ¡Te veo muy bien!

CONCEPCIÓN Hola, hombre. Pues yo (2) _____ muy bien. ¿Y tú? Pareces cansado.

¿(3) _____ trabajando mucho?

ALFREDO Sí, terminé mis estudios y ahora (4) _____ abogado. Mi trabajo

(5) _____ muy interesante pero siempre hay mucho que hacer. Bueno, y ¿a

ti cómo te va todo? Me dijeron que tienes novio. ¿Quién (6) _____? ¿Lo

conozco?

CONCEPCIÓN No, no lo conoces. Se llama Pedro. Él (7) _____ de Los Ángeles y

(8) _____ muy inteligente y generoso. Y tú, ¿tienes novia?

ALFREDO Pues, sí. ¿Te acuerdas de Marta, la amiga de mi hermana? Ella y yo

(9) _____ comprometidos (*engaged*).

CONCEPCIÓN ¡Felicidades!

ALFREDO Muchas gracias. Bueno, me voy, (10) _____ un poco tarde. Otro día

hablamos más.

CONCEPCIÓN Hasta pronto.

Exámenes

5 **De compras** Pedro and Concepción are shopping in Puerto Rico. Change the underlined elements to direct object pronouns and the indirect objects to indirect object pronouns. (5 × 1 pt. each = 5 pts.)

> **modelo**
>
> Puedes darle la maleta al botones.
> *Se la puedes dar.*

PEDRO Puedes comprarles un libro a tus padres.

CONCEPCIÓN Sí, (1) _____ _____ voy a comprar. Y a tu hermana, ¿le llevamos este sombrero?

PEDRO Sí, (2) _____ _____ vamos a llevar. Me gusta.

CONCEPCIÓN También quiero comprar esta blusa para mí. ¿No es bonita?

PEDRO Sí, pero yo (3) _____ _____ compro, mi amor. Es mi regalo de cumpleaños.

CONCEPCIÓN Gracias, querido. Yo quiero darte las gracias por este viaje tan maravilloso.

PEDRO Muy bien. (4) _____ _____ puedes dar esta noche invitándome a cenar.

CONCEPCIÓN Bien. Tú me das el dinero y yo te invito.

PEDRO ¡Qué lista eres! Pues, claro, yo (5) _____ _____ doy.

6 **La cena** Fill in the blanks with the preterite forms of the verbs. (7 × 1 pt. each = 7 pts.)

Concepción y Pedro salieron a cenar ayer por la noche. Concepción (1) _____

(vestirse) elegantemente (*elegantly*) pero Pedro siempre lleva traje para trabajar y anoche

(2) _____ (preferir) vestirse con ropa informal. A su novia no le importó. (Ellos)

(3) _____ (pedir) champán y unos platos deliciosos. El camarero les

(4) _____ (traer) la comida muy rápidamente y todo (5) _____ (estar)

riquísimo. Cuando (ellos) (6) _____ (salir) del restaurante,

(7) _____ (dar) un paseo (*took a walk*) muy largo.

7 **Tu opinión** Pick one of your favorite seasons and describe why you like it so much and what you like to do during this season. Make sure your response answers these questions. (4 pts. for vocabulary + 4 pts. for grammar + 2 pts. for style and creativity = 10 pts.)

- ¿Qué te gusta más de esta estación?
- ¿Qué te gusta menos?
- ¿Qué hiciste en esta estación el año pasado?

- ¿Qué cosas haces durante esta estación que no haces el resto del año (por ejemplo, con respecto a la comida, los viajes, los pasatiempos, la ropa)?

_____

_____

_____

_____

_____

_____

_____

_____

Exámenes

8 **Qué precios** Look at this advertisement and answer the questions. When answering with numbers, write out the words for the numerals. (4 × 2 pts. each = 8 pts.)

El Palacio de la GANGA

¡Donde la rebaja es la reina! ¡Aproveche nuestras ofertas!
Abierto de lunes a viernes de 10 a 22 horas • sábado de 12 a 20 horas

Aceptamos todas las tarjetas de crédito.

Suéter de algodón para mujeres/todas las tallas Rebajados de 3.450,00 PESOS. A SÓLO 2.760,00 PESOS

Pantalones formales para caballeros/colores gris, negro y azul con el 30% de rebaja, de 5.200,00 PESOS A SÓLO 3.640,00 PESOS

Faldas largas para mujeres/colores café, morado, azul y gris rebajadas de 2.468,00 PESOS A SÓLO 1.974,00 PESOS

Baratos **trajes de baño** para hombres en amarillo, blanco, azul, verde y morado Con rebaja del 40%, de 1.384,00 PESOS A SÓLO 830,40 PESOS

Hermosas **blusas** de seda para damas/tallas mediana y grande Rebajadas de 2.030,00 PESOS al increíble precio de 1.260,00 PESOS

Elegantes **chaquetas** para caballeros/colores café, negro, azul y verde con rebaja del 25%, de 5.370,00 PESOS A SÓLO 4.027,50 PESOS

Nuevo **modelo de botas** Para mujeres Números 36 a 40 Rebajadas de 3.370,00 PESOS A SÓLO 2.596,00 PESOS

Zapatos de tenis Para hombres Números 40 a 45 rebajados de 2.976,00 PESOS A SÓLO 1.315,00 PESOS

1. ¿Cuánto cuestan los zapatos de tenis? _____

_____

2. ¿Cuánto cuestan las blusas de seda? _____

_____

3. ¿A qué hora cierran la tienda? _____

_____

4. ¿Qué números de botas tiene la tienda? _____

_____

9 **Preguntas** Answer these questions in Spanish. Use complete sentences. (5 × 2 pts. each = 10 pts.)

1. ¿Qué vas a hacer esta noche? _____

_____

2. ¿Qué tiempo hace hoy? _____

_____

3. ¿A qué hora llegaste a la universidad esta mañana? _____

_____

4. ¿Cuál es tu comida favorita? _____

_____

5. ¿Qué materias no te interesan mucho? _____

_____

10 **Lectura** Read this gossip column from a Spanish magazine. Then answer the questions in complete sentences. (5 × 2 pts. each = 10 pts.)

Rumores

El doctor Iglesias Puga, padre del conocido[1] artista español Julio Iglesias, y su joven esposa Ronna Keit celebraron el pasado sábado 22 de mayo el nacimiento de su primer hijo. Es el primer hijo para ella, pero el tercero para él. La interesante pareja —él tiene 87 años y ella tiene 47 años menos que su esposo— se casó el primero de marzo de 2001 en Florida. La fiesta del sábado pasado, para unas 100 personas, fue en el hotel Hilton de Miami. En la cena sirvieron varios platos de mariscos —la comida favorita del feliz papá, y de este periodista— y de postre hubo pastel de frutas y chocolate. Después de la cena espectacular[2] los invitados pudieron bailar durante horas en el bello salón Diamante. Todos estuvieron muy contentos de ver bailar a los nuevos papás. Pero nadie pudo ver al niño después de la cena; su sobrina Chabeli lo llevó a su habitación para dormir. Los nietos del doctor Iglesias, los conocidos jóvenes artistas Enrique y Julio Junior, no pudieron asistir, pero Julio Iglesias sí estuvo allí al lado de su padre y de su nuevo hermanito. Los invitados pidieron oír cantar a Julio, pero él no cantó.

[1]well-known, famous   [2]spectacular

1. ¿Cuál es el estado civil de Ronna Keit? _____

_____

2. ¿Cuántos años tiene ella? _____

_____

3. ¿Quién es Julio Iglesias? ¿Por qué estuvo en la fiesta? _____

_____

4. ¿Por qué no bailó Chabeli en la fiesta? _____

_____

5. ¿Qué piensa el periodista de la pareja? ¿Por qué? _____

Lecciones 1–9 Examen B

Exámenes

11   **Escribir** Write a paragraph of at least five sentences about what you did this past week. Be sure to use the preterite tense and appropriate vocabulary words. (5 pts. for vocabulary + 5 pts. for grammar + 2 pts. for style and creativity = 12 pts.)

_____

_____

_____

_____

_____

_____

_____

_____

_____

_____

_____

_____

_____

_____

_____

_____

_____

_____

_____

_____

_____

_____

_____

Exámenes

PRUEBA A

Hola Marisa. Soy Jaime, el conductor del autobús. ¿Cómo estás? Yo estoy regular. Oye, hay un problema. Hay tres maletas y una grabadora en el autobús. Las maletas son de los pasajeros de Puerto Rico. Pero, ¿de quién es la grabadora? Son las diez de la mañana y mi número de teléfono es el 24-30-12. Muchas gracias.

PRUEBA B

Hola, Carmen. Soy don Francisco, el conductor del autobús. ¿Cómo estás? Yo estoy bien. Oye, hay un problema. Hay dos maletas y tres grabadoras en el autobús. Las maletas son de los turistas del Ecuador. Pero, ¿de quién son las grabadoras? Son las doce del mediodía y el número de teléfono es el 25-13-07. Perdón y gracias.

PRUEBA C

1. ¿Cómo te llamas?
2. ¿Cómo estás?
3. ¿De dónde eres?
4. ¿A qué hora es la clase de español?
5. ¿Cuántos profesores hay en la clase?

PRUEBA D

1. ¿Qué tal?
2. ¿Qué hora es?
3. ¿Cómo se llama tu profesor(a) de español?
4. ¿Cuántas chicas hay en la clase?
5. ¿Hay chicos en la clase?

Lección 2

PRUEBA A

Buenos días. Me llamo Enrique Sánchez y soy el profesor de química. Ahora deseo hablar sobre el curso. A ver, la clase es los lunes, miércoles y viernes de 10 a 11 de la mañana. Necesitan preparar la tarea todos los días y estudiar mucho para la clase. También necesitan practicar todos los lunes en el laboratorio. El laboratorio está cerca de la biblioteca. Bueno, ¿desean preguntar algo?

PRUEBA B

Buenas tardes, soy la profesora Molina. Enseño biología y soy la profesora este semestre. Ahora deseo hablar sobre el curso. A ver, la clase es los martes y los jueves de 12 a 1 de la tarde. Necesitan preparar la tarea todos los días y estudiar mucho para esta clase. También necesitan practicar todos los miércoles en el laboratorio. El laboratorio está cerca de la librería. Bueno, ¿desean preguntar algo?

PRUEBA C

1. ¿Qué día es hoy?
2. ¿Trabajas los sábados?
3. ¿Practicas mucho el español?
4. ¿Te gusta la clase de español?
5. ¿A qué hora termina la clase de español?

PRUEBA D

1. ¿Qué clases tomas este semestre?
2. ¿Qué días es tu clase de español?
3. ¿Estudias en la biblioteca?
4. ¿A qué hora llegas a casa o a la residencia los lunes?
5. ¿Qué días descansas?

Listening Scripts

PRUEBA A

Esteban es de México y vive en Ecuador. Tiene treinta años y es muy inteligente. Estudia química en la universidad y por las tardes trabaja como programador. Tiene que trabajar mucho todos los días. Cuando termina de trabajar, asiste a sus clases. Su novia se llama Matilde y tiene veinticuatro años. Ella comprende que Esteban tiene que estudiar mucho porque ella también es muy trabajadora. Esteban y Matilde descansan los sábados y los domingos.

PRUEBA B

Manuela es estudiante de matemáticas en la universidad. Es de Colombia y tiene veinticinco años. Manuela trabaja en la biblioteca por las tardes y por eso no tiene mucho tiempo para salir con sus amigos. Su compañera de apartamento se llama Tina y es una chica muy simpática. Por las mañanas Tina asiste a clases de japonés y por las tardes trabaja en un café. Manuela y Tina son muy buenas amigas. Comen en la cafetería todos los días y asisten a clase de yoga los sábados.

PRUEBA C

1. ¿Dónde vives?
2. ¿Cuántos años tienes?
3. ¿Te gusta leer el periódico?
4. ¿Qué lenguas extranjeras comprendes?
5. ¿Tienes ganas de aprender español este semestre?

PRUEBA D

1. ¿Cómo eres?
2. ¿Cuántos hermanos o hermanas tienes?
3. ¿Qué debes preparar esta tarde?
4. ¿Qué aprendes en la clase de español?
5. ¿Qué profesión te gusta?

Lección 4

PRUEBA A

¿Le gusta practicar deportes? El lugar que necesita es el Club Cosmos, en el centro de la ciudad. Tenemos actividades para los aficionados a todos los deportes: puede jugar al golf, practicar la natación y jugar al tenis. También hay una piscina, dos gimnasios y una cafetería donde usted puede pasar sus ratos libres. Si quiere más información, puede venir al club. Cerramos a las doce de la noche.

PRUEBA B

¿Desea pasar más tiempo con su familia? ¿Les gusta practicar deportes o pasear en bicicleta? El lugar que usted y su familia necesitan es el Club Excursionista. Pueden pasar un fin de semana en las montañas. Tenemos diversiones para toda la familia. En el Club Excursionista hay dos piscinas, dos gimnasios y un restaurante. Cerca del club hay un parque donde pueden pasear en bicicleta y caminar. Si quiere más información, puede escribir un mensaje electrónico.

PRUEBA C

1. ¿Qué vas a hacer mañana?
2. ¿Dónde piensas comer hoy?
3. ¿Qué vas a hacer este fin de semana?
4. ¿Cuál es tu película favorita?
5. ¿Te gusta practicar deportes?

PRUEBA D

1. ¿Qué vas a hacer esta noche?
2. ¿Qué piensas comer hoy?
3. ¿Sales los fines de semana?
4. ¿A qué hora empieza la clase de español?
5. ¿Qué te gusta hacer los fines de semana?

Lección 5

PRUEBA A

Si deseas ir de vacaciones a Puerto Rico este verano, tu agencia de viajes es la Agencia Sol y Playa. En nuestra agencia puedes conseguir las vacaciones que necesitas. ¿Tienes pocos días de vacaciones? Puedes pasar un fin de semana en San Juan de Puerto Rico. En nuestra agencia tenemos pasajes de ida y vuelta. ¿Quieres un mes de vacaciones? Puedes conseguir unas magníficas vacaciones en barco, visitando las magníficas playas del mar Caribe. Si te gusta la naturaleza, puedes acampar dos semanas en la playa Boquerón. La Agencia Sol y Playa es para ti; ¡Puerto Rico te espera!

PRUEBA B

Si deseas ir de vacaciones a Puerto Rico, tu agencia de viajes es la Agencia El Gran Sol. En nuestra agencia puedes conseguir las vacaciones que necesitas. ¿Tienes pocos días de vacaciones? Puedes pasar un fin de semana paseando por San Juan de Puerto Rico. En nuestra agencia vendemos un pasaje de ida y vuelta con habitación de hotel y excursiones a museos y lugares históricos. ¿Quieres dos semanas de vacaciones? Puedes conseguir unas fabulosas vacaciones acampando en la playa Boquerón y viendo los bonitos paisajes de la isla. La Agencia El Gran Sol es para ti; ¡Puerto Rico te espera!

PRUEBA C

1. ¿Cuál es la fecha de hoy?
2. ¿Qué tiempo hace hoy?
3. ¿Qué quieres hacer en las vacaciones?
4. ¿Qué prefieres: viajar en avión o viajar en tren?
5. ¿Cómo estás hoy?

PRUEBA D

1. ¿En qué estación del año estamos?
2. ¿Qué te gusta hacer cuando llueve?
3. ¿Cómo son tus vacaciones ideales?
4. Para tus vacaciones, ¿prefieres dormir en un hotel o acampar? ¿Por qué?
5. ¿Qué estás haciendo ahora mismo?

Lección 6

PRUEBA A

Bienvenidos al almacén El Caribe. En nuestras exclusivas tiendas de moda van a encontrar toda la ropa que ustedes necesitan para esta primavera. No tienen que gastar mucho dinero porque nuestros clientes siempre consiguen las mejores rebajas. En la tienda para niños, venden pantalones de todos los colores y camisetas a precios baratos. También tienen vestidos para niñas con bonitos diseños en color rosado. En la tienda para hombres, tienen chaquetas y pantalones que se pueden usar todo el año. También hay corbatas, zapatos y cinturones que hacen juego con toda su ropa. En la tienda de señoras, pueden comprar los vestidos más elegantes con guantes del mismo color.

PRUEBA B

Bienvenidos al centro comercial El Prado. En nuestras exclusivas tiendas van a encontrar toda la ropa que necesitan para este invierno y pueden ir a la moda a precios de ganga. En la tienda para niños Globos, vendemos pantalones y camisetas a precios baratos y vestidos para niñas de bonitos diseños. También tenemos abrigos de todos los colores para los días de frío. En la tienda de señoras Detalles, pueden comprar los vestidos más elegantes y las más hermosas sandalias. También hay medias, sombreros y guantes que hacen juego con todo. En la tienda para hombres Modas Martino, tenemos chaquetas, pantalones y suéteres con los colores de moda. También hay una excelente rebaja en cinturones y corbatas.

PRUEBA C

1. ¿A qué hora llegaste ayer a tu casa?
2. ¿Te prestan dinero tus amigos?
3. ¿En qué año empezaste a estudiar en la universidad?
4. ¿Qué ropa llevas ahora?
5. ¿Dónde comiste ayer?

PRUEBA D

1. ¿Sabes hablar francés?
2. ¿Te compra ropa tu familia?
3. ¿Cuándo empezaste a estudiar en la universidad?
4. ¿Qué ropa te gusta llevar en verano?
5. ¿Dónde gastaste diez dólares la semana pasada?

Listening Scripts

Lecciones 5–6 Audioscripts to Tests

Lección 7

PRUEBA A

Mañana martes me voy a Perú por una semana. Me fascina viajar, pero siempre me pongo muy nervioso cuando tengo que irme. Me preocupa no tener tiempo para preparar todo lo que necesito porque algunas veces no me acuerdo de llevar cosas importantes. Todavía me falta comprar el champú, la crema de afeitar y una toalla pequeña para el viaje. A ver, mañana me levanto a las siete, después me ducho, me visto y salgo a comprar las cosas que faltan. Luego vuelvo, como algo y llamo un taxi. Ah, también tengo que llevar un despertador.

PRUEBA B

Mañana jueves me voy a Panamá por dos semanas. Me encanta viajar y me pongo especialmente contento cuando visito a mis amigos. Pero me molestan los viajes muy largos, por eso siempre me duermo en el avión y cuando me despierto, estoy en mi destino. Todavía me falta comprar regalos para mis amigos. Me preocupa no tener tiempo para preparar todo lo que necesito.

PRUEBA C

1. ¿A qué hora te levantaste hoy?
2. ¿Adónde fuiste para tus vacaciones?
3. ¿Te preocupas por tus amigos?
4. ¿Te molesta la música para estudiar?
5. ¿Te enojas mucho?

PRUEBA D

1. ¿A qué hora te acostaste ayer?
2. ¿Prefieres ducharte o bañarte?
3. ¿Te preocupas por tus clases?
4. ¿Cuál fue tu película favorita el año pasado?
5. ¿Adónde fuiste ayer después de la clase de español?

Lección 8

PRUEBA A

Buenas tardes. Les voy a explicar los platos que ofrecemos hoy para el almuerzo. Para empezar tenemos cuatro deliciosas sopas: sopa de salmón, sopa de espárragos, sopa de verduras y también una rica sopa de champiñones. También tenemos bistec con verduras, un excelente jamón con patatas y, bueno, yo personalmente les recomiendo la carne de res con pimienta y limón. El plato del día es marisco asado. Para beber, los jugos naturales son nuestra especialidad o, si lo desean, les puedo traer el menú de vinos.

PRUEBA B

Buenas noches. Les voy a explicar los platos que ofrecemos hoy para la cena. Para empezar tenemos sabrosos entremeses. Yo personalmente les recomiendo el jamón y los camarones. También ofrecemos cuatro deliciosos primeros platos: arroz con mariscos, pasta con espárragos, arvejas con jamón y también una sabrosa sopa de verduras. El dueño siempre recomienda la carne de res con pimientos. El plato del día es pollo asado. Para beber, los jugos de frutas son nuestra especialidad o, si lo desean, les puedo traer agua mineral, refrescos o el menú de vinos.

PRUEBA C

1. ¿Qué almorzaste ayer?
2. ¿Quién come más que tú?
3. ¿Comes muchas verduras?
4. ¿Les prestas tus libros a tus amigos?
5. ¿Crees que el pescado es mejor que la carne?

PRUEBA D

1. ¿Les ofreces meriendas a tus amigos cuando van a tu casa?
2. ¿Qué te gusta beber cuando cenas en un restaurante?
3. ¿Dónde cenas los fines de semana?
4. ¿Qué desayunaste esta mañana?
5. ¿Cuándo cocinas?

PRUEBA A

Hola, Ana: soy Yolanda. Llamo para darte las gracias por venir a mi fiesta de cumpleaños ayer. Ya tengo dieciocho años y soy mayor de edad. ¡Qué bien! La verdad, me divertí mucho en la fiesta y todo salió muy bien. Ese restaurante colombiano es uno de los mejores y la comida fue muy buena. Me gustaron mucho los postres: el flan y el pastel de chocolate. Pero lo que me encantó fue el regalo sorpresa de mis padres: ¡un carro nuevo! Pero bueno, ya vi que bailaste mucho con mi primo Ricardo. Él me llamó hoy y creo que le interesa conocerte más. Así que llámame pronto y nos vamos los tres a pasear en el nuevo Toyota.

PRUEBA B

Hola, Paco: soy Rúper. Llamo para darte las gracias por venir a mi fiesta ayer. Ya me gradué. ¡Qué bien! No lo puedo creer. ¿Te divertiste? Yo sí. Me divertí mucho con todos. Gracias también por recomendarme ese restaurante argentino. Me encantó la comida y los postres estuvieron riquísimos. Y ¿qué te pareció el regalo sorpresa de mis padres? ¡Una moto! Tenemos que probarla. Tú puedes pasear a mi hermana Noemí en mi moto nueva. Ya vi que hablaste mucho con ella en la fiesta. Creo que a ella también le interesa conocerte más. Te llamo otra vez mañana y nos vamos los tres a tomar algo.

PRUEBA C

1. ¿Qué hiciste ayer?
2. ¿Estudió alguien contigo para esta prueba?
3. ¿Pudiste dormir bien ayer?
4. ¿Te dieron algún regalo el día de tu cumpleaños?
5. ¿Tuviste una cita el mes pasado?

PRUEBA D

1. ¿Con quién te llevas muy bien en tu familia?
2. ¿Cuándo es tu cumpleaños?
3. ¿Con quién saliste el fin de semana pasado?
4. ¿Tuviste una cita el mes pasado?
5. ¿Cómo te gusta celebrar tu cumpleaños?

Lección 9 Audioscripts to Tests

EXAMEN A

Puerto Rico es maravilloso. Les va a gustar mucho, estoy seguro. Cuando yo estuve allí, me lo pasé muy bien. El Viejo San Juan es muy bonito. Yo fui con mi esposa para celebrar nuestro aniversario de bodas y fue un viaje muy divertido. A mí no me interesa mucho, pero, si les gusta ir de compras, hay tiendas para todos. Para comer, les recomiendo un restaurante en el centro que se llama Don José. Allí tienen que probar el arroz con pollo y los pasteles de carne. De postre, tienen que pedir el flan; los otros postres no me gustaron. Mi playa favorita cerca de San Juan es Ocean Park. Es una de las playas más hermosas y tiene muchas actividades durante los fines de semana.

EXAMEN B

Puerto Rico es una isla bellíííísima. Yo volví de allí el mes pasado y éste fue mi tercer viaje. En mi primer viaje visité las playas más conocidas. En mi segundo viaje conocí un poco más el interior, visité muchos museos interesantísimos y compré libros de historia y cultura puertorriqueñas. Pero en este último viaje me divertí muchísimo más porque ahora ya sé donde ir de compras y a mí... ¡¡me encanta ir de compras!! También me encanta el paisaje y la comida me fascina. Estoy segura que a ustedes también les va a encantar esta hermosa e interesante isla. Para comprar regalos, les recomiendo una tienda en el Viejo San Juan que se llama Perlas. Allí pueden encontrar regalos para todos a muy buenos precios.

Fotonovela Video Test Items   Lección 1

1

¿De dónde son? Write where the video characters are from, according to what they said in the video. Use complete sentences; one of the countries may be used more than once.

1. ÁLEX   2. DON FRANCISCO   3. INÉS   4. JAVIER   5. MAITE

Ecuador   España   México   Puerto Rico

1. _____
2. _____
3. _____
4. _____
5. _____

Fotonovela Video Test Items   Lección 2

1

Las materias Using what you remember from the **Fotonovela** and the list of classes below, briefly describe the course loads of two of the four video characters. Mention some of the classes that each takes, and whether or not he or she likes the classes.

INÉS   ÁLEX   MAITE   JAVIER

1. arte
2. literatura y periodismo
3. geografía, historia y sociología
4. historia y computación

_____
_____
_____
_____
_____

Lecciones 1–2 Fotonovela Video Test Items

1 **La familia** Look at the photo and, using what you remember from the **Fotonovela** and the words from the list, briefly describe Javier's family.

| alto/a | grande | simpático/a | viejo/a |
| bonito/a | pequeño/a | trabajador(a) | |

_____

_____

_____

_____

_____

Fotonovela Video Test Items — Lección 4

1 **¿Qué pasó?** Look at the video stills and write the conversation that is taking place. Use the information you remember from the video and your imagination. Use at least five words from the list.

| correr | escribir | ir | nadar | salir |
| deportes | gustar | montaña | noche | ser |

_____

_____

_____

_____

_____

_____

_____

_____

_____

Fotonovela Video Test Items

1 **¿Qué pasó?** Look at the stills and write the conversation that is taking place. Use the information you remember from the video and your imagination. Use the present progressive at least twice.

_____

_____

_____

_____

_____

_____

Fotonovela Video Test Items

1 **¿Qué pasó?** Look at the photos and, using what you remember from the **Fotonovela** and your imagination, write about what happened in each of these moments. What did Inés and Javier buy? Were they happy with their purchases? Were the items cheap or expensive? Use the preterite.

_____

_____

_____

_____

_____

_____

Lecciones 5–6 Fotonovela Video Test Items

Optional Test Sections

1 **La vida diaria** Answer these questions based on what you remember from the **Fotonovela**.

1. ¿Le gustan a Javier los mercados al aire libre?

   _____

2. ¿Se despierta Álex temprano cuando está en México?

   _____

3. ¿Se levanta Javier temprano?

   _____

4. ¿Por qué tiene Javier problemas para levantarse temprano?

   _____

5. ¿Qué va a hacer Álex por la mañana, antes de ducharse?

   _____

Fotonovela Video Test Items   **Lección 8**

1 **Platos** Here is a list of food. Using your imagination and what you remember from the **Fotonovela**, recreate a dialogue mentioning some of the dishes that Doña Rita, the owner of the restaurant **El Cráter**, offered to the video characters.

arroz con pollo	caldo de patas	fajitas	lomo a la plancha
bistec con papas	ceviche de camarón	jamón cocido	tortillas de maíz

_____

_____

_____

_____

_____

_____

_____

_____

_____

_____

_____

1 **¿Qué pasó?** Look at the still and describe what is taking place. Use the information you remember from the video and your imagination. Use at least four words from the list.

chocolate	cumplir	propina
cuenta	dulces	sorpresa

_____

_____

_____

_____

_____

_____

_____

_____

Fotonovela Video Test Items   **Lecciones 1–9**

1 **Protagonistas** Choose one of the events that has happened to the characters and describe it, using the preterite tense. Use the information you remember from the video and your imagination.

_____

_____

_____

_____

_____

_____

_____

1   **¿Cierto o falso?** Indicate whether these items are **cierto** or **falso,** based on what you learned about the United States and Canada. Correct the false statements.

	Cierto	Falso
1. La comida mexicana es muy popular en los Estados Unidos.	○	○
2. La Pequeña Habana es un barrio (*neighborhood*) de Cuba.	○	○
3. El desfile puertorriqueño (*Puerto Rican Parade*) se celebra en Miami.	○	○
4. Los *Latin American Achievement Awards* son de Canadá.	○	○
5. Las enchiladas y las quesadillas son platos de Puerto Rico.	○	○
6. El cali-mex es una variación de la comida mexicana en los Estados Unidos.	○	○

Panorama Textbook Section Test Items   Lección 2

1   **España** Choose the word or words that best complete each sentence.

1. _____ es un plato típico de España.

     a. La paella   b. El tomate   c. La fajita

2. La Unión Europea _____ para tener (*to have*) una política común en los países de Europa.

     a. termina   b. trabaja   c. viaja

3. La moneda (*currency*) de la Unión Europea es _____.

     a. el peso   b. el franco   c. el euro

4. La Universidad de _____ es la más antigua (*oldest*) de España.

     a. Madrid   b. Salamanca   c. Barcelona

5. Salamanca es famosa por sus _____.

     a. catedrales   b. platos   c. turistas

6. El Prado es _____ famoso.

     a. un pueblo (*town*)   b. un artista   c. un museo

Panorama Textbook Section Test Items   **Lección 3**

1   **¿Cierto o falso?** Indicate whether these items are **cierto** or **falso,** based on what you learned about Ecuador. Correct the false statements.

	Cierto	Falso
1. El Cotopaxi es un volcán.	○	○
2. Muchas personas van a las islas Galápagos por sus playas.	○	○
3. Charles Darwin estudió (*studied*) en Cotopaxi.	○	○
4. Las islas Galápagos son famosas por sus tortugas (*tortoises*).	○	○
5. Oswaldo Guayasamín es un famoso político ecuatoriano.	○	○
6. Los Andes dividen Ecuador en varias regiones.	○	○
7. Los turistas no practican deportes (*sports*) en la Sierra.	○	○
8. La Mitad del Mundo es un monumento ecuatoriano.	○	○

Panorama Textbook Section Test Items   **Lección 4**

1   **¿Cierto o falso?** Indicate whether these items are **cierto** or **falso.** Correct the false statements.

	Cierto	Falso
1. Los incas dominaron (*dominated*) en México del siglo (*century*) XIV al XVI.	○	○
2. Frida Kahlo era (*was*) la esposa de Octavio Paz.	○	○
3. Puedes ver obras (*works*) de Diego Rivera en el Museo de Arte Moderno de la Ciudad de México.	○	○
4. El D.F. es otro (*another*) nombre para la Ciudad de México.	○	○
5. México es el mayor productor de esmeraldas (*emeralds*) en el mundo.	○	○
6. Hay muchas ruinas en la Ciudad de México.	○	○
7. La ciudad de Monterrey es el centro económico y cultural de México.	○	○
8. La Ciudad de México está situada en Tenochtitlán, la capital de la cultura azteca.	○	○

1   **Conectar** Match the corresponding elements, based on what you learned about Puerto Rico.

_____ 1. Su uso es obligatorio en los documentos oficiales.

_____ 2. Actor puertorriqueño.

_____ 3. Protegía la bahía (*protected the bay*) de San Juan.

_____ 4. Es un río subterráneo.

_____ 5. Se hizo (*became*) estado libre asociado en 1952.

_____ 6. Gracias a él, los científicos (*scientists*) pueden estudiar la atmósfera.

_____ 7. Tiene origen puertorriqueño y cubano.

_____ 8. Orquesta de salsa famosa.

a. Puerto Rico

b. el Gran Combo de Puerto Rico

c. Camuy

d. El Morro

e. el inglés

f. la salsa

g. el Observatorio de Arecibo

h. Raúl Juliá

Panorama Textbook Section Test Items   **Lección 6**

1   **Completar** Use the items from the list to complete the sentences, based on what you learned about Cuba.

Alicia Alonso	Fidel Castro	el tabaco	*Buena Vista Social Club*
colibrí abeja	José Martí	español	los taínos

1. _____ fue un poeta y político famoso.

2. El _____ es el ave más pequeña del mundo.

3. La tribu de _____ vivía (*lived*) en la isla cuando llegaron los españoles.

4. _____ bailó en el Ballet de Nueva York.

5. _____ es un producto importante para la economía cubana.

6. La mayoría de los músicos del _____ son mayores.

Panorama Textbook Section Test Items Lección 7

1 **Conectar** Match the words from the second column with the sentences in the first, based on what you learned about Peru. There are two extra options.

_____ 1. Es una música con influencias africanas y españolas.

_____ 2. Es un animal importante para la economía peruana.

_____ 3. Es una ciudad antigua del imperio inca.

_____ 4. Son un gran misterio.

_____ 5. Es la capital del Perú.

_____ 6. La iglesia de San Francisco tiene influencia de esta arquitectura.

a. barroca colonial
b. Lima
c. Barranco
d. Machu Picchu
e. andina
f. Iquitos
g. alpaca
h. las Líneas de Nazca

Panorama Textbook Section Test Items Lección 8

1 **¿Cierto o falso?** Indicate whether these items are **cierto** or **falso**, based on what you learned about Guatemala. Correct the false statements.

	Cierto	Falso
1. El español es la única lengua de Guatemala.	○	○
2. Los artesanos guatemaltecos utilizan mosquitos para poner color en las telas (*fabrics*).	○	○
3. El quetzal es un tipo de pájaro (*bird*).	○	○
4. El gobierno mantiene una reserva ecológica para los quetzales.	○	○
5. La capital de Guatemala es Antigua Guatemala.	○	○
6. Antigua Guatemala es internacionalmente famosa por su celebración de Semana Santa (*Holy Week*).	○	○
7. Los mayas usaron el cero antes que los europeos.	○	○
8. El *huipil* indica el pueblo de origen de la persona que lo lleva.	○	○

1   **Conectar** Match the corresponding elements from these two columns to form five sentences about Chile.

1. Pablo Neruda _____

2. La isla de Pascua _____

3. El Parque Nacional de Villarrica _____

4. En los Andes _____

5. El vino chileno _____

a. constituye una parte importante de la actividad económica del país.

b. es un sitio popular para practicar el esquí.

c. es famosa por las estatuas enormes.

d. fue un gran poeta.

e. hay observatorios para observar las estrellas.

1 **Conectar** Match the descriptions to the corresponding places.

_____ 1. El quetzal es un símbolo muy importante en este país.

_____ 2. La isla de Pascua es famosa por sus estatuas enormes.

_____ 3. Machu Picchu es una ciudad antigua del imperio inca.

_____ 4. Los músicos de *Buena Vista Social Club* son de esta isla.

_____ 5. La Pequeña Habana es un barrio (*neighborhood*) de este país.

_____ 6. Aquí está el Museo del Prado.

_____ 7. Se hizo estado libre asociado en 1952.

_____ 8. Las islas Galápagos, famosas por sus tortugas (*tortoises*), son de este país.

_____ 9. Los *Latin American Achievement Awards* son de este país.

_____ 10. Frida Kahlo nació en este país.

a. Chile

b. Cuba

c. Ecuador

d. España

e. Estados Unidos

f. Guatemala

g. México

h. Perú

i. Puerto Rico

j. Canadá

1   **Los hispanos en Nueva York y Montreal** Using the video stills as a guide, write in English what you remember about this lesson's **Panorama cultural** video segments.

1.

_____

_____

_____

2.

_____

_____

_____

3.

_____

_____

_____

Panorama cultural Video Test Items   **Lección 2**

1   **El Festival de San Fermín** Using what you remember from the video, complete these sentences with words from the list.

celebran	detrás de	mañana	turistas
delante de	llevan	noche	viajan

1. En España _____ muchas fiestas tradicionales.
2. Muchísimas personas _____ a Pamplona para ver los encierros (*the running of the bulls*).
3. En los encierros, muchas personas corren (*run*) _____ diecisiete toros (*bulls*).
4. Los encierros empiezan (*begin*) a las ocho de la _____.
5. Los participantes de los encierros _____ periódicos (*newspaper*) para defenderse de los toros.
6. Los hombres de la comunidad y muchos _____ participan en los encierros.

Panorama cultural Video Test Items   Lección 3

1 **Las islas Galápagos** Using what you remember from the video, complete these sentences with words from the list.

cerca	tiene	turistas	viven
observan	tienen	vive	

1. En las islas Galápagos _____ muchos animales.
2. El archipiélago _____ fascinantes especies de animales.
3. Algunas tortugas *(some turtles)* _____ más de *(more than)* 100 años.
4. La islas Galápagos están _____ de la costa *(coast)* de Ecuador.
5. Las islas Galápagos reciben a muchos _____.

Panorama cultural Video Test Items   Lección 4

1 **Teotihuacán** Look at the video still and select the option that best completes each sentence.

1. Las personas están en _____.
   a. Chichén Itzá   b. Teotihuacán   c. la capital mexicana
2. Ellos _____ en las pirámides.
   a. toman el sol   b. estudian arqueología   c. nadan
3. Se está celebrando _____.
   a. la cultura indígena   b. el equinoccio *(equinox)*   c. la independencia
4. A las cinco de la mañana la gente comienza a _____.
   a. bailar   b. cantar   c. escalar *(climb)*
5. Todos quieren sentir la energía _____ en sus manos.
   a. de las pirámides   b. del sol   c. de Tenochtitlán

1 **El Viejo San Juan** Describe the video stills, using what you remember from the video segment. Write at least three sentences in Spanish for each still.

_____

_____

_____

_____

_____

_____

_____

_____

_____

_____

_____

Panorama cultural Video Test Items   **Lección 6**

1 **La santería** Select the option that best completes each sentence.

1. La santería es una práctica religiosa muy _____ en países latinoamericanos.
   a. nueva   b. aburrida   c. común

2. Los _____ son las personas que practican la santería.
   a. Eggún   b. cubanos   c. santeros

3. Las personas visitan a los santeros para _____ con ellos.
   a. recordar   b. conversar   c. comer

4. Los Eggún son los hombres y mujeres _____ en la santería.
   a. más viejos   b. importantes   c. inteligentes

5. En las reuniones, los Eggún y las familias _____.
   a. bailan   b. escriben   c. aprenden

6. La santería es una de las tradiciones cubanas más _____.
   a. antiguas   b. modernas   c. simpáticas

1

Los deportes de aventura Complete the paragraph with the words from the list.

caminar con llamas	el fútbol	ir de excursión	pasear en bicicleta
el Camino Inca	ir de compras	la pesca	*sandboard*

En Perú practican muchos deportes de aventura. Muchas personas van a Pachacamac a

(1) _____ de montaña. Muchos aficionados al (2) _____

van a la región de Ocucaje y es muy común (3) _____ a la Cordillera Blanca.

Un deporte tradicional es (4) _____: las personas van por varios días hasta

Machu Picchu. Esta ruta se llama (5) _____ y tiene cuarenta y tres kilómetros.

Otro deporte tradicional es (6) _____ en pequeñas canoas. ¡Este deporte es

muy antiguo!

1

¿Cierto o falso? Look at the video stills and indicate whether each statement is **cierto** or **falso**. Correct the false statements.

1. Esta ciudad es la capital de Guatemala.

_____

2. En las calles de esta ciudad hay ruinas donde los turistas pueden sentir la atmósfera del pasado.

_____

3. Para las celebraciones de Semana Santa (*Holy Week*) las mujeres hacen hermosas alfombras (*carpets*).

_____

4. Chichicastenango es una ciudad más grande que Antigua.

_____

5. Todos los días hay un mercado al aire libre en las calles y plazas de la ciudad.

_____

6. Todos los productos tienen precios fijos y los clientes no tienen que regatear al hacer sus compras.

_____

1 **La isla de Pascua** Imagine that you went to this island and that you are writing an e-mail to a friend. Describe the island writing at least six sentences in Spanish.

Para:	De:	Asunto (*subject*):

Panorama cultural Video Test Items   Lecciones 1–9

1 **¿Cierto o falso?** Indicate whether these statements are **cierto** or **falso**. Correct the false statements.

1. En el estado de Nueva York hay mucha población hispana de origen puertorriqueño.

   _____

2. Ana María Seifert vive en Montreal.

   _____

3. En la actividad central del Festival de San Fermín muchas personas corren delante de diecisiete toros.

   _____

4. En las islas Galápagos no viven personas.

   _____

5. El Castillo de San Felipe del Morro es un sitio histórico nacional de México.

   _____

6. Regla es un barrio de La Habana donde se practica la santería.

   _____

7. En la isla de Pascua siempre hace mucho frío y también mucho viento.

   _____

Alternate Listening Sections for **Pruebas A** and **B**

If you prefer that your students complete a personalized task for the listening section, use these substitute scripts, and adapt **Pruebas A** and **B** to accommodate them.

Lección 1

1 **Escuchar** You will hear five personal questions. Answer each one in Spanish using complete sentences.

1. ¿Cómo se llama usted?
2. ¿Cómo está usted?
3. ¿De dónde es usted?
4. ¿A qué hora es la clase de español?
5. ¿Cuántos estudiantes hay en la clase?

Lección 2

1 **Escuchar** You will hear five personal questions. Answer each one in Spanish using complete sentences.

1. ¿Qué música escuchas?
2. ¿Qué materias tomas?
3. ¿Te gusta bailar?
4. ¿Qué llevas en la mochila?
5. ¿Trabajas los domingos?

Lección 3

1 **Escuchar** You will hear five personal questions. Answer each one in Spanish using complete sentences.

1. ¿Tienes hambre ahora?
2. ¿Tienes sobrinos o sobrinas?
3. ¿Crees que eres trabajador(a)?
4. ¿Crees que tienes suerte?
5. ¿Te gusta comer en la cafetería de la universidad?

Lección 4

1 **Escuchar** You will hear five personal questions. Answer each one in Spanish using complete sentences.

1. ¿Qué vas a comer hoy?
2. ¿Qué vas a hacer el sábado?
3. ¿Qué piensas hacer esta noche?
4. ¿Dónde te gusta pasar tus ratos libres?
5. ¿Te gusta ir al cine?

Lección 5

1 **Escuchar** You will hear five personal questions. Answer each one in Spanish using complete sentences.

1. ¿Qué tiempo crees que va a hacer el fin de semana?
2. ¿Cómo estás hoy?
3. ¿Qué quieres hacer en las vacaciones?
4. ¿Qué prefieres: las vacaciones en la playa o en la montaña?
5. ¿Cuál es la fecha de hoy?

Lección 6

1 **Escuchar** You will hear five personal questions. Answer each one in Spanish using complete sentences.

1. ¿Cuántas horas estudiaste para la prueba de español?
2. ¿Qué libro que leíste el año pasado te gustó más?
3. ¿Te compraron un regalo el mes pasado?
4. ¿A qué hora volviste a casa el fin de semana pasado?
5. ¿Viste ayer la televisión?

Lecciones 1–6 Alternate Listening Section for **Pruebas A** and **B**

Lección 7

1

Escuchar You will hear five personal questions. Answer each one in Spanish using complete sentences.

1. ¿Te gusta quedarte en casa los domingos?
2. ¿Te enojas con tus amigos?
3. ¿Te molesta oír música cuando estudias?

4. ¿A qué hora te fuiste ayer a tu casa?
5. ¿Tienes algún amigo en Perú?

Lección 8

1

Escuchar You will hear five personal questions. Answer each one in Spanish using complete sentences.

1. ¿Merendaste algo ayer?
2. ¿Estudian tus amigos más que tú?
3. ¿Por qué escogiste estudiar español?

4. ¿Les recomiendas algún restaurante a tus compañeros?
5. Según tú, ¿cuál es el mejor restaurante de tu ciudad?

Lección 9

1

Escuchar You will hear five personal questions. Answer each one in Spanish using complete sentences.

1. ¿Cuándo supiste que ibas a venir a esta universidad?
2. ¿Condujiste ayer para volver a tu casa?
3. ¿Pudiste estudiar para esta prueba?

4. ¿Le diste un regalo a tu mejor amigo/a para su cumpleaños?
5. ¿Qué hiciste el fin de semana pasado?

1   **Escuchar**   You will hear five personal questions. Answer each one in Spanish using complete sentences.

1. ¿Qué vas a hacer después del examen?
2. ¿Te dieron algún regalo el día de tu cumpleaños?
3. ¿A qué hora volviste ayer a tu casa?
4. ¿Qué hiciste las vacaciones pasadas?
5. ¿Qué materias te gustan más?

Lección 1

Prueba A

1 1. Cierto 2. Falso 3. Falso 4. Falso 5. Cierto

2 Answers will vary.

3 1. lápices 2. mujer 3. pasajeros 4. chicas
5. estudiantes

4 1. Son las nueve y media/treinta de la mañana.
2. es a las diez y cuarto/quince de la mañana.
3. es a las dos y veinticinco de la tarde. 4. es a
las cinco menos cuarto/quince de la tarde.
5. Es a las ocho de la noche.

5 1. buenas 2. te 3. llamo 4. dónde 5. Soy
6. qué 7. la 8. nada 9. Nos 10. luego/pronto

6 Answers will vary.

7 1. El nombre de la chica es Mariana. 2. En el
cuaderno hay números de teléfono. 3. El chico
es de España. 4. El número de teléfono del
chico es el veinticinco, catorce, veintitrés.

8 Answers will vary.

Prueba B

1 1. Falso 2. Falso 3. Falso 4. Falso 5. Cierto

2 Answers will vary.

3 1. grabadora 2. profesor 3. diccionarios
4. computadora 5. cuadernos

4 Son las nueve y veinte de la noche. 2. es a las
once de la mañana. 3. es a las tres menos
cuarto/quince de la tarde. 4. es a las cuatro y
media de la tarde. 5. Es a las diez de la noche.

5 1. días 2. llamas 3. me 4. tú 5. Mucho
6. gusto 7. Eres 8. soy 9. A 10. vemos

6 Answers will vary.

7 1. El nombre del chico es Javier. 2. El chico es
del Ecuador. 3. En la maleta hay un
diccionario, un mapa, una grabadora y dos
cuadernos. 4. El número de teléfono de Sarah
es el dieciocho, veintinueve, cero seis.

8 Answers will vary.

Prueba C

1 Answers will vary.

2 1. La clase de biología es a las nueve de la
mañana. 2. La clase de literatura es a las once

menos cuarto/quince de la mañana. 3. La
clase de geografía es a las doce (del mediodía).
4. El laboratorio es a las tres y cuarto/quince
de la tarde. 5. La clase de matemáticas es a las
cinco y media/treinta de la tarde.

3 1. El nombre del conductor es Armando.
2. En el autobús hay cinco maletas. 3. Las
maletas son de los estudiantes de los Estados
Unidos. 4. Es la una de la tarde. 5. El
número de teléfono de Armando es el
veinticuatro, treinta, doce.

4 Answers will vary.

Prueba D

1 Answers will vary.

2 1. La clase de biología es a las nueve y
media/treinta de la mañana. 2. La clase de
literatura es a las once y cinco de la mañana.
3. La clase de geografía es a la una y veinte
de la tarde. 4. El laboratorio es a las dos y
cuarto/quince de la tarde. 5. La clase de
matemáticas es a las cinco de la tarde.

3 1. Hay dos maletas. 2. Hay cuatro
grabadoras. 3. Las maletas son de los turistas
de México. 4. Son las seis de la tarde.
5. El número de teléfono de Eduardo es el
veintitrés, cero seis, quince.

4 Answers will vary.

Lección 2

Prueba A

1 1. Falso 2. Falso 3. Cierto 4. Cierto 5. Falso

2 Answers will vary.

3 Answers may vary. 1. dónde está el libro
de periodismo 2. Te gusta (estudiar) el
periodismo 3. Por qué te gusta el periodismo
4. Quién enseña la clase de periodismo
5. Cuántas chicas hay en la clase

4 1. Hay mil quinientos estudiantes en total.
2. Hay novecientos tres estudiantes en
residencias estudiantiles. Hay cuatrocientos
noventa y siete estudiantes fuera del campus.
3. Ochenta y seis estudiantes hablan español.

4. Setenta y dos estudiantes hablan otras lenguas. 5. Setecientos cincuenta estudiantes estudian español.

5 1. estoy 2. gusta 3. Estudio 4. terminan 5. regreso 6. trabaja 7. enseña 8. hablamos 9. miramos 10. llegas

6 Answers will vary.

7 1. La cafetería está al lado de la biblioteca. 2. Hay nueve estudiantes en la cafetería. 3. Mira a los estudiantes (que caminan por el *campus*). 4. Estudia en la cafetería porque la compañera de cuarto está en la residencia con unas chicas. 5. El examen es el jueves a las tres de la tarde.

8 Answers will vary.

Prueba B

1 1. Falso 2. Falso 3. Falso 4. Cierto 5. Cierto

2 Answers will vary.

3 Answers may vary. 1. dónde está el diccionario 2. Te gusta estudiar español/Te gusta el español 3. Por qué te gusta estudiar español 4. Quién enseña la clase de español/Quién es el profesor 5. Cuántos estudiantes hay en la clase

4 1. Hay dos mil seiscientos cincuenta estudiantes en la escuela en total. 2. Hay mil ciento treinta y cuatro chicos en la escuela. 3. Hay mil quinientas dieciséis chicas en la escuela. 4. Hay treinta y cinco especialidades. 5. Ciento cinco profesores enseñan en esta escuela.

5 1. estoy 2. gusta 3. está 4. Estudio 5. trabajo 6. enseño 7. preparamos 8. escuchamos 9. practicar 10. llegas

6 Answers will vary.

7 1. La biblioteca está al lado de la residencia (estudiantil). 2. En la biblioteca hay once estudiantes. 3. (Juan Antonio/Él) camina a la cafetería y toma un café. 4. (Juan Antonio/Él) estudia en la biblioteca porque el compañero de cuarto está en la residencia con unos chicos (y Juan Antonio necesita preparar el examen). 5. El examen es el viernes a las 10 de la mañana.

8 Answers will vary.

Prueba C

1 Answers will vary.

2 Answers will vary.

3 1. Estudia en la biblioteca del Departamento de español. 2. Está en la biblioteca porque no hay muchos estudiantes/porque necesita estudiar (para el examen de psicología)/porque su compañero está en la residencia con diez amigos. 3. Mira a los estudiantes (que caminan a clase). 4. El examen es el martes a las 10 de la mañana. 5. Desea llegar a la residencia a las ocho para tomar algo y escuchar música.

4 Answers will vary.

Prueba D

1 Answers will vary.

2 Answers will vary.

3 1. Estudia en el cuarto de la residencia estudiantil. 2. Necesita estudiar para el examen de historia. 3. No, no desea estudiar en la biblioteca porque siempre hay muchos estudiantes. 4. El examen es mañana, lunes, a las cuatro de la tarde. 5. Camina a la cafetería (que está muy cerca) y toma un café.

4 Answers will vary.

Lección 3

Prueba A

1 1. Falso 2. Falso 3. Cierto 4. Falso 5. Falso

2 Order of answers will vary. David es el abuelo de Graciela. Lupe es la tía de Graciela. María es la madre de Graciela. Ramón es el hermano de Graciela. Ernesto es el primo de Graciela. Descriptions of family members will vary.

3 1. Mis 2. nuestro 3. mi 4. tus 5. mi

4 1. vive 2. abre 3. son 4. tienen 5. asiste 6. comparten 7. escribe 8. recibe 9. comprenden 10. debe

5 Answers will vary.

6 1. Tiene veintitrés años. 2. Trabaja en la cafetería por las tardes. 3. Necesita estudiar química porque desea ser médico. 4. Su madre es médica. 5. Adrián vive con Vicente.

7 Answers will vary.

Prueba B

1 1. Cierto 2. Falso 3. Falso 4. Falso 5. Falso

2 Order of answers will vary. José Antonio es el sobrino de Luis Miguel. Pilar es la hija de Luis Miguel. Raquel es la cuñada de Luis Miguel. Eduardo es el hermano de Luis Miguel. Juan Carlos es el padre de Luis Miguel. Descriptions of family members will vary.

3 1. mi 2. mi 3. tu 4. tus 5. su

4 1. vivimos 2. escribe 3. lee 4. asisto 5. corremos 6. bebemos 7. comemos 8. debo 9. viene 10. comprendo

5 Answers will vary.

6 1. (Anabel/Ella) es de Argentina. 2. Comparte su apartamento con su amiga Rosana. 3. Prepara la tarea en la biblioteca o en la cafetería. 4. No, no trabaja los domingos. 5. No, es fácil vivir con Rosana porque es fácil compartir sus problemas con ella.

7 Answers will vary.

Prueba C

1 Answers will vary.

2 Order of answers will vary. Joaquín es el primo de Manuela. Pilar es la prima de Manuela. Ana María es la tía de Manuela. Eduardo es el padre de Manuela. Juan Carlos es el abuelo de Manuela. Descriptions of family members will vary.

3 1. Tiene veinte años. 2. Trabaja en la biblioteca porque tiene tiempo para leer y estudiar. 3. Necesita estudiar inglés porque desea ser periodista. 4. Su madre es periodista. 5. Rosa comparte apartamento con Mónica.

4 Answers will vary.

Prueba D

1 Answers will vary.

2 Order of answers will vary. Luis Miguel es el cuñado de Eduardo. José Antonio es el hijo de Eduardo. Pilar es la sobrina de Eduardo. Raquel es la esposa de Eduardo. Sofía es la madre de Eduardo. Descriptions of family members will vary.

3 1. (Raúl/Él) es mexicano/de México. 2. (Raúl/Él) debe estudiar mucho porque también trabaja por las tardes. 3. Su padre es artista. 4. (Raúl/Él) comparte su apartamento con su viejo amigo, Peter. 5. Habla con Peter en español porque Peter desea estudiar un año en España (y necesita practicar).

4 Answers will vary.

Lección 4

Prueba A

1 1. c 2. b 3. a 4. a 5. a

2 Answers will vary.

3 1. Vemos 2. prefiero 3. quiero 4. Pienso 5. entiendes 6. vamos 7. podemos 8. comienza/empieza 9. supongo 10. volvemos

4 Answers will vary.

5 1. Tiene un rato libre. 2. Maite está en un parque de la ciudad. 3. Tiene ganas de descansar. 4. Álex y Maite piensan ir al museo. 5. Quiere almorzar en un pequeño café que hay en la plaza Mayor. 6. Don Francisco piensa que las cabañas son muy bonitas.

6 Answers will vary.

Prueba B

1 1. c 2. a 3. c 4. c 5. b

2 Answers will vary.

3 1. Quieres 2. prefiero 3. podemos 4. Pienso 5. juega 6. entiendo 7. supongo 8. vamos 9. comienza 10. vuelves

4 Answers will vary.

5 1. Rubén está en la cafetería de la universidad. 2. Luis, Marta y él quieren salir. 3. Prefiere pasar tiempo en el gimnasio y después leer una revista. 4. Van a ir al museo y después a comer en un bonito restaurante del centro. 5. Va a estudiar a la biblioteca. 6. Tiene un examen de historia.

6 Answers will vary.

Answers

Prueba C

1 Answers will vary.

2 Answers will vary.

3 1. Está en el parque del centro de la ciudad. 2. Hay partidos cada fin de semana. 3. Puedo leer mi correo electrónico en el café. 4. Puedo practicar la natación, el ciclismo, el tenis, el béisbol, el vóleibol y el baloncesto. 5. Answers will vary.

4 Answers will vary.

Prueba D

1 Answers will vary.

2 Answers will vary.

3 1. El Club Ciudad Azul está en el centro de la ciudad. 2. Puedo practicar la natación, el baloncesto y el tenis. 3. Puedo leer el periódico en la biblioteca. 4. El número de teléfono es el doscientos cuatro, noventa y ocho, cincuenta. 5. Answers will vary.

4 Answers will vary.

Lección 5

Prueba A

1 1. c 2. a 3. a 4. b 5. a

2 Answers will vary.

3 1. La biblioteca está en el primer piso. 2. La habitación cuarenta y nueve está en el cuarto piso. 3. El restaurante Vistas está en el quinto piso. 4. El gimnasio está en el tercer piso. 5. La cafetería está en el segundo piso.

4 1. Toda la familia las hace. 2. Juan los pone en el automóvil. 3. Mariselis los lleva. 4. Su hijo, Emilio, las pide. 5. La abuela, Rosa, lo busca. 6. Juan los tiene. 7. Mariselis los va a comprar (va a comprarlos). 8. La abuela y Mariselis los quieren visitar (quieren visitarlos).

5 1. Está 2. es 3. está 4. Estás 5. es 6. está 7. son 8. está 9. somos 10. estoy

6 Answers will vary.

7 1. Puedes pasar unas buenas vacaciones viajando en barco al Caribe y visitando las bonitas playas puertorriqueñas. 2. Las personas que prefieren las ciudades deben ir a San Juan. 3. El hotel El Gran Sol está abierto todo el año. 4. Los huéspedes del hotel pueden pasear por la

(interesante) ciudad. 5. Las diversiones del hotel son pescar, ir de excursión, montar a caballo y nadar.

8 Answers will vary.

Prueba B

1 1. b 2. a 3. c 4. b 5. b

2 Answers will vary.

3 1. La biblioteca está en el segundo piso. 2. La habitación sesenta y dos está en el quinto piso. 3. El restaurante Vistas está en el cuarto piso. 4. El gimnasio está en el primer piso. 5. La agencia de viajes Sol está en el tercer piso.

4 1. Vicente las pone en el automóvil. 2. Isabel los lleva. 3. Su hijo, José Manuel, la tiene. 4. Su hija Anabel lo busca. 5. Vicente los tiene. 6. La abuela e Isabel/Ellas quieren visitarlos/los quieren visitar. 7. Vicente e Isabel quieren escribirlas/las quieren escribir. 8. Todos quieren tomarlo/lo quieren tomar.

5 1. Está 2. es 3. está 4. Estás 5. está 6. está 7. son 8. somos 9. está 10. estoy

6 Answers will vary.

7 1. Las personas activas pueden nadar, bucear, viajar en barco y montar a caballo. 2. (Si estás cansado/a) Puedes tomar el sol y pescar. 3. Por la tarde puedes visitar la ciudad y por la noche puedes cenar en restaurantes y bailar salsa. 4. Puedes visitar el hotel Mar Azul todos los meses; está abierto todo el año. 5. En el hotel hay excursiones en barco, excursiones a caballo y clases de salsa.

8 Answers will vary.

Prueba C

1 Answers will vary.

2 Answers will vary.

3 1. El restaurante Latino está en el cuarto piso. 2. La habitación veintidós está en el segundo piso. 3. La biblioteca está en el quinto piso. 4. La cafetería está en el primer piso. 5. El gimnasio está en el tercer piso.

4 1. Los turistas pueden ir en autobús a la playa. 2. En el Viejo San Juan hay cafés, monumentos y restaurantes. 3. El hotel Morro está abierto todo el año. 4. Los huéspedes del hotel pueden tomar el sol en la playa. 5. Las diversiones del hotel son pescar, ir de excursión, montar a caballo y nadar.

5 Answers will vary.

Prueba D

1 Answers will vary.

2 Answers will vary.

3 1. El restaurante Tostones está en el sexto piso. 2. La habitación cuarenta y tres está en el cuarto piso. 3. La biblioteca está en el segundo piso. 4. La cafetería está en el primer piso. 5. La agencia de viajes Sol está en el tercer piso.

4 1. Los huéspedes del hotel Conquistador pueden ir a la playa en autobús. 2. En el Viejo San Juan hay museos, monumentos y muy buenos restaurantes. 3. Puedes visitar el hotel Coquí todos los meses del año porque está abierto todo el año. 4. Los huéspedes del hotel Coquí pueden nadar y bucear. 5. En el hotel Coquí hay clases de salsa, excursiones en bicicleta y excursiones a caballo.

5 Answers will vary.

Lección 6

Prueba A

1 1. c 2. b 3. a. 4. b. 5. a

2 Answers will vary.

3 1. éstas 2. Ésa 3. aquélla 4. Aquélla 5. Éstos 6. ésos 7. aquéllos

4 1. abrió 2. llegamos 3. tomamos 4. visitamos 5. volvimos 6. compré 7. recibió 8. vi 9. gastó 10. salimos

5 Answers will vary.

6 1. La ropa para la temporada de primavera-verano tiene muchos colores y es muy cómoda. 2. Los vestidos tienen variedad de estilos y colores. 3. Los zapatos que cuestan ciento cincuenta y nueve pesos son de color marrón.

7 Answers will vary.

8 Answers will vary.

Prueba B

1 1. b 2. a 3. a 4. c 5. b

2 Answers will vary.

3 1. aquéllos 2. éstos 3. ésa 4. Ésa 5. aquélla 6. Aquélla 7. éste

4 1. llegamos 2. abrió 3. esperamos 4. empezamos 5. compró 6. mostró 7. encontré 8. vi 9. salimos 10. cerraron

5 Answers will vary.

6 1. La moda viene en muchos colores para darle color a los días fríos. 2. Las nuevas botas son de color verde y rosado. 3. Es de color verde.

7 Answers will vary.

8 Answers will vary.

Prueba C

1 Answers will vary.

2 Answers will vary.

3 1. La ropa viene en colores marrón y negro y es muy cómoda. 2. Pueden llevar trajes de pantalón y chaqueta. 3. El suéter negro es de lana. 4. El abrigo que cuesta cuatrocientos treinta pesos es rojo. 5. Pueden llevar los pantalones marrones para ir al trabajo.

4 Answers will vary.

Prueba D

1 Answers will vary.

2 Answers will vary.

3 1. La moda de primavera-verano viene en colores morado y azul y en estilos muy cómodos pero elegantes. 2. Pueden llevar zapatos y bolsas de muchos estilos. 3. Están de moda diferentes estilos de faldas largas, y trajes de pantalón y chaqueta para ir al trabajo. 4. Venden pantalones cortos y sandalias. 5. Venden trajes elegantes y camisetas cómodas.

4 Answers will vary.

Lección 7

Prueba A

1 1. Cierto 2. Falso 3. Cierto 4. Falso 5. Falso

2 Answers will vary.

3 Answers will vary.

4 1. nada 2. algo 3. siempre 4. alguna
5. ninguno

5 Answers will vary.

6 1. Sí, le interesa el trabajo del/de la periodista.
2. No. Le molesta/No le gusta levantarse
temprano. 3. Necesita/Se viste en diez minutos.
4. Al llegar a casa, se quita la ropa, se pone el
pijama y se acuesta. 5. La rutina de Fernando
León no le gusta a nadie.

7 Answers will vary.

Prueba B

1 1. Falso 2. Falso 3. Falso 4. Cierto 5. Cierto

2 Answers will vary.

3 Answers will vary.

4 1. nada 2. algo 3. Siempre 4. algunos
5. ningún

5 Answers will vary.

6 1. No siempre le gusta/No le gusta su estilo de
vida/su horario/su rutina. 2. Se quita la ropa, se
pone el pijama y se acuesta. 3. A sus hijos no
les gusta la rutina de su padre. 4. Le fascina
escribir novelas. 5. Quiere cambiar de trabajo
porque puede/quiere trabajar en casa y estar
cerca de su familia.

7 Answers will vary.

Prueba C

1 Answers will vary.

2 Answers will vary.

3 Answers will vary.

4 1. Pamela y su hermana fueron a Latinoamérica
de vacaciones. 2. Primero fueron a Ecuador.
3. En México, Pamela fue sola a Acapulco,
Mérida y Cancún. Su hermana fue sola a
Monterrey, Guadalajara y Puebla. 4. Fueron a
Puerto Rico y Cuba antes de terminar su viaje.
5. El lugar favorito de Pamela fue La Habana.
El lugar favorito de su hermana fue las islas
Galápagos.

5 Answers will vary.

Prueba D

1 Answers will vary.

2 Answers will vary.

3 Answers will vary.

4 1. Enrique y su hermano fueron a España y
Latinoamérica de vacaciones. 2. En España,
Enrique fue solo a Salamanca, Zaragoza y
Barcelona. Su hermano fue solo a Ibiza,
Mallorca y Menorca. 3. En Puerto Rico fueron
a San Juan, Ponce, Arecibo y la isla de Vieques.
4. Fueron a Perú antes de terminar su viaje.
5. El lugar favorito de Enrique fue Machu
Picchu. El lugar favorito de su hermano fue
San Juan.

5 Answers will vary.

Lección 8

Prueba A

1 1. b 2. a 3. a 4. c 5. b

2 Answers will vary.

3 Answers will vary.

4 1. Se lo 2. Me los 3. Se los 4. se las 5. Se lo

5 1. se vistió 2. pidió 3. prefirió 4. sirvió
5. siguieron 6. se sintieron 7. se despidieron
8. volvieron

6 Answers will vary.

7 1. Este estudio se hizo para conocer los hábitos
de los estudiantes universitarios. 2. Los
estudiantes desean estar bien, practicar deportes
y estar delgados. 3. Sí, les gusta el tipo de
comida que les dan en las universidades. 4. Al
mediodía, muchos estudiantes comen un
sándwich y toman un refresco. 5. Los hábitos
de los estudiantes no son buenos.

8 Answers will vary.

Prueba B

1 1. c 2. b 3. a 4. a 5. b

2 Answers will vary.

3 Answers will vary.

4 1. se lo 2. se lo 3. Me la 4. se la 5. me la

5 1. nos vestimos 2. prefirió 3. consiguió
4. pedimos 5. sirvió 6. nos sentimos
7. volvimos

6 Answers will vary.

7 1. Le gusta mucho España y este verano quiere
ir con Eduardo. 2. Lo que más le gustó fue la
comida, el aceite de oliva y la gente.

3. Es natural porque está preparada de una manera muy simple, con ajo, perejil y aceite de oliva. 4. Piensa que son una buena oportunidad para probar muchos platos diferentes. 5. Pienso que Eduardo es el novio de Clara porque en su carta, ella dice: "llevo la misma ropa de siempre, la que a ti te gusta" y "por eso te quiero".

8 Answers will vary.

Prueba C

1 Answers will vary.

2 Answers will vary.

3 1. Hicieron esta encuesta para saber cómo comen los estudiantes universitarios. 2. Los días de trabajo, los estudiantes normalmente comen caminando y en muy poco tiempo/quince minutos. 3. Durante la semana, muchos estudiantes almuerzan un sándwich y toman un refresco. 4. Piensan que la comida de las cafeterías es buena para lo que necesitan. 5. Los fines de semana toman más tiempo para comer y prueban comidas nuevas.

4 Answers will vary.

Prueba D

1 Answers will vary.

2 Answers will vary.

3 1. El almuerzo norteamericano es más pequeño/Los norteamericanos toman menos tiempo para almorzar. 2. Toman dos o tres horas para comer y descansar. 3. La comida principal para los mexicanos es el almuerzo. 4. No es popular porque les gusta sentarse y comer sin prisa/descansar antes de regresar al trabajo. 5. No la llevan a casa. La comida se queda en el plato.

4 Answers will vary.

Lección 9

Prueba A

1 1. a 2. b 3. a 4. c 5. c

2 Answers will vary.

3 1. Qué 2. Qué 3. quiso 4. pudo 5. quiero 6. Sabes 7. pude 8. conozco 9. conocí 10. pudiste

4 1. se casaron 2. se comprometieron 3. celebraron 4. pudieron 5. dieron 6. conduje 7. se puso 8. dijo 9. tuvieron 10. trajo

5 1. Alejandro y Lucía se casaron. 2. Después de la iglesia, todos fueron a una fiesta en un restaurante. 3. Todos los amigos de la familia fueron a la fiesta. 4. Cenaron en el restaurante El Pardo. 5. Miguel Ángel y Carmen están casados.

6 Answers will vary.

Prueba B

1 1. a 2. c 3. c 4. b 5. a

2 Answers will vary.

3 1. Qué 2. qué 3. pudimos 4. supo 5. quiso 6. cuál 7. cuál 8. conozco 9. conocí 10. sabes

4 1. estuve 2. quiso 3. Hubo 4. se puso 5. dio 6. traje 7. dijo 8. nos reímos 9. nos divertimos 10. tuvimos

5 1. Los hijos de César y Estela invitaron a toda la familia y amigos de sus padres y los sorprendieron con una fiesta. 2. Después de la cena todos fueron a bailar a la Sala Conde Luna. 3. El bautizo fue en la catedral de Santa María. 4. Doña Esmeralda es la madre de Liliana Obregón y la abuela de María Esmeralda. 5. Elena Cárdenas es la tía de María Esmeralda./María Esmeralda es la sobrina de Elena Cárdenas.

6 Answers will vary.

Prueba C

1 Answers will vary.

2 Answers will vary.

3 1. Alberto Araneda está en la niñez. 2. Quieren compartir su alegría por el nacimiento de su hijo. 3. A la cena fueron invitados muchos periodistas y profesores. 4. Los invitados se divirtieron mucho. 5. Amalia Rodríguez es divorciada.

4 Answers will vary.

Answers

Prueba D

1 Answers will vary.

2 Answers will vary.

3 1. No. Ésta es la segunda vez que Javier se casa.
2. Iván y Susana son los hijos de Javier y su
primera esposa, Marta. Marta es la ex esposa
de Javier. 3. Doña Matilde está en la vejez.
4. Organizó una fiesta sorpresa para celebrar el
cumpleaños/los noventa y un años de doña
Matilde. 5. Nieves habló de la interesante y
larga vida de su madre, y también recordó la
vida de su padre.

4 Answers will vary.

Lecciones 1–9

Examen A

1 1. falso 2. cierto 3. falso 4. falso 5. cierto

2 Answers will vary.

3 Answers will vary.

4 1. estás 2. estoy 3. estás 4. es 5. es 6. está 7. soy 8. Son 9. están 10. está

5 1. se lo 2. se lo 3. se la 4. Se las 5. me los/te los

6 1. se vistieron 2. pidió 3. prefirió 4. sirvió 5. se despidieron 6. durmió 7. perdió

7 Answers will vary.

8 1. Cuestan dos mil trescientos quince pesos. 2. Cuestan mil cuatrocientos cincuenta pesos. 3. Cierra a las nueve de la noche de lunes a viernes y cierra a las ocho de la noche los sábados. 4. Tienen los números treinta y cinco a treinta y ocho.

9 Answers will vary.

10 1. Verónica Cortés es casada. 2. Decidieron casarse en abril del 2001. 3. Casi todos los miembros de la familia fueron a la fiesta. 4. Si, le gustó mucho. 5. Carmen está de vacaciones en el Caribe.

11 Answers will vary.

Examen B

1 1. cierto 2. falso 3. falso 4. cierto 5. falso

2 Answers will vary.

3 Answers will vary.

4 1. estás 2. estoy 3. Estás 4. soy 5. es 6. es 7. es 8. es 9. estamos 10. es

5 1. se lo 2. se lo 3. te la 4. Me las 5. te lo

6 1. se vistió 2. prefirió 3. Pidieron 4. trajo 5. estuvo 6. salieron 7. dieron

7 Answers will vary.

8 1. Cuestan mil trescientos quince pesos. 2. Cuestan mil doscientos sesenta pesos. 3. Cierra a las diez de la noche de lunes a viernes y cierra a las ocho de la noche los sábados. 4. Tienen los números treinta y seis a cuarenta.

9 Answers will vary.

10 1. Ronna Keit es casada. 2. Ella tiene 40 años.

3. Julio Iglesias es un artista español. Estuvo en la fiesta porque es el hijo del doctor Iglesias Puga. 4. Chabeli no bailó porque llevó al bebé a su habitación a dormir. 5. Piensa que son interesantes porque el esposo es mucho mayor que la esposa.

11 Answers will vary.

Answers

Lección 1

Fotonovela Video Test Items

1. 1. Álex es de México. 2. Don Francisco es del Ecuador. 3. Inés es del Ecuador. 4. Javier es de Puerto Rico. 5. Maite es de España.

Panorama Textbook Section Test Items

1. 1. Cierto. 2. Falso. La Pequeña Habana es un barrio de Miami. 3. Falso. El desfile puertorriqueño se celebra en Nueva York. 4. Cierto. 5. Las enchiladas y las quesadillas son platos de México. 6. Cierto.

Panorama cultural Video Test Items

1. Answers will vary.

Lección 2

Fotonovela Video Test Items

1. Answers will vary.

Panorama Textbook Section Test Items

1. 1. a 2. b 3. c 4. b 5. a 6. c

Panorama cultural Video Test Items

1. 1. celebran 2. viajan 3. delante de 4. mañana 5. llevan 6. turistas

Lección 3

Fotonovela Video Test Items

1. Answers will vary.

Panorama Textbook Section Test Items

1. 1. Cierto. 2. Falso. Muchas personas van a las islas Galápagos por sus plantas y animales. 3. Falso. Charles Darwin estudió en las islas Galápagos. 4. Cierto. 5. Falso. Oswaldo Guayasamín es un pintor ecuatoriano famoso.

6. Cierto. 7. Falso. En la Sierra los turistas practican deportes. 8. Cierto.

Panorama cultural Video Test Items

1. 1. viven 2. tiene 3. tienen 4. cerca 5. turistas

Lección 4

Fotonovela Video Test Items

1. Answers will vary.

Panorama Textbook Section Test Items

1. Falso. Los aztecas dominaron en México del siglo XIV al XVI. 2. Falso. Frida Kahlo era la esposa de Diego Rivera. 3. Cierto. 4. Cierto. 5. Falso. México es el mayor productor de plata en el mundo. 6. Cierto. 7. Falso. La Ciudad de México/México D.F. es el centro económico y cultural de México. 8. Cierto.

Panorama cultural Video Test Items

1. 1. b 2. a 3. b 4. c 5. b

Lección 5

Fotonovela Video Test Items

1. Answers will vary.

Panorama Textbook Section Test Items

1. 1. e 2. h 3. d 4. c 5. a 6. g 7. f 8. b

Panorama cultural Video Test Items

1. Answers will vary.

Lección 6

Fotonovela Video Test Items

1. Answers will vary.

Panorama Textbook Section Test Items

1 1. José Martí 2. colibrí abeja 3. los taínos 4. Alicia Alonso 5. El tabaco 6. *Buena Vista Social Club*

Panorama cultural Video Test Items

1 1. c 2. c 3. b 4. b 5. a 6. a

Lección 7

Fotonovela Video Test Items

1 1. Sí, le gustan. Piensa que son interesantes. 2. Sí, Álex se despierta a las seis (se despierta temprano). 3. No, Javier no puede levantarse temprano. 4. Tiene problemas porque por la noche nunca quiere dormir (dibuja y escucha música). 5. Álex se va a levantar a las siete y va a correr por treinta minutos.

Panorama Textbook Section Test Items

1 1. e 2. g 3. d 4. h 5. b 6. a

Panorama cultural Video Test Items

1 1. pasear en bicicleta 2. *sandboard* 3. ir de excursión 4. caminar con llamas 5. el Camino Inca 6. la pesca

Lección 8

Fotonovela Video Test Items

1 Answers will vary.

Panorama Textbook Section Test Items

1 1. Falso. En Guatemala hablan español y lenguas mayas. 2. Cierto. 3. Cierto. 4. Cierto. 5. Falso. La capital de Guatemala es la Ciudad de Guatemala. 6. Cierto. 7. Cierto. 8. Cierto.

Panorama cultural Video Test Items

1 1. Falso. Esta ciudad fue la capital de Guatemala. 2. Cierto. 3. Cierto. 4. Falso. Chichicastenango es una ciudad más pequeña que Antigua. 5. Falso. Todos los jueves y domingos hay un mercado al aire libre en las calles y plazas de la ciudad. 6. Falso. Ningún

producto tiene un precio fijo y los clientes tienen que regatear al hacer sus compras.

Lección 9

Fotonovela Video Test Items

1 Answers will vary.

Panorama Textbook Section Test Items

1 1. d 2. c 3. b 4. e 5. a

Panorama cultural Video Test Items

1 Answers will vary.

Answers

Answers to Tests   159